Copiar la imagen

ESTE LIBRO PERTENECE A

_____

ROZ JEFFSON

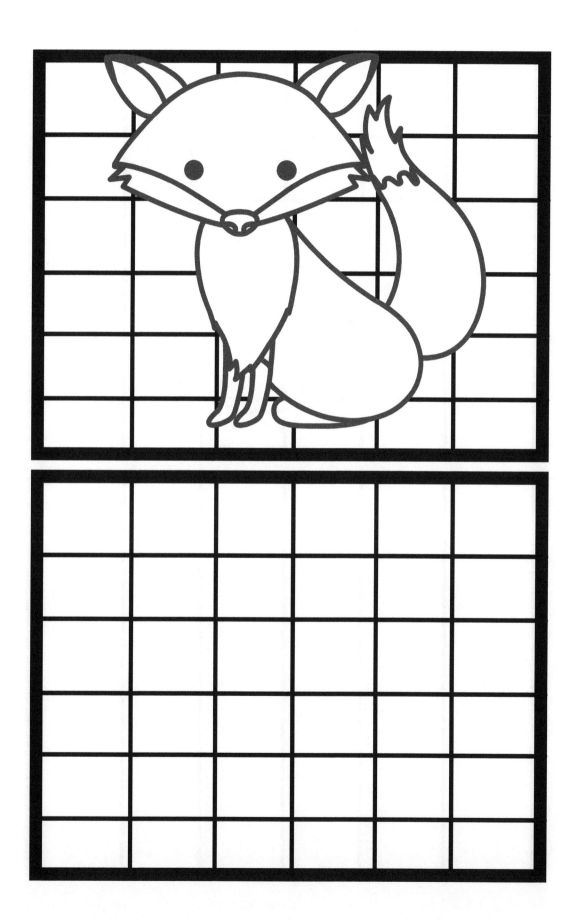

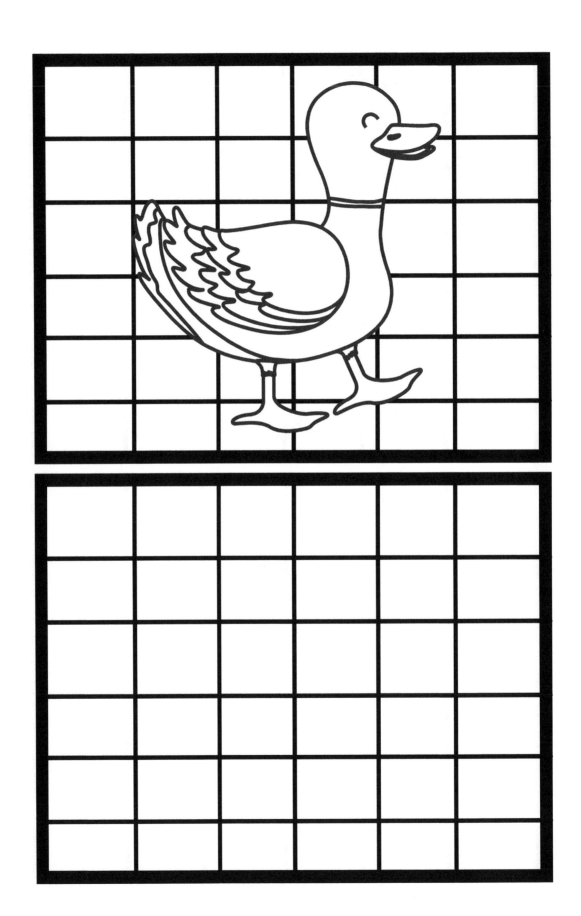

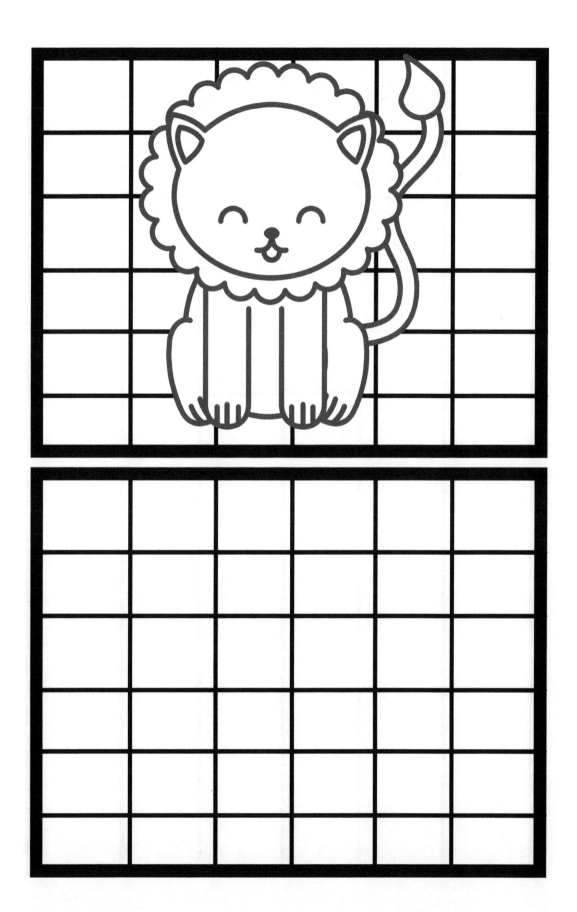

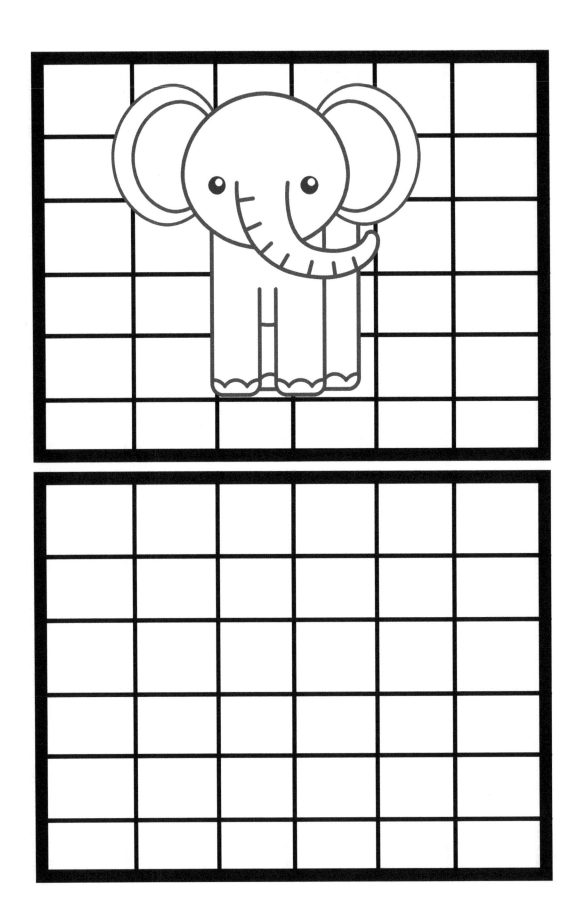

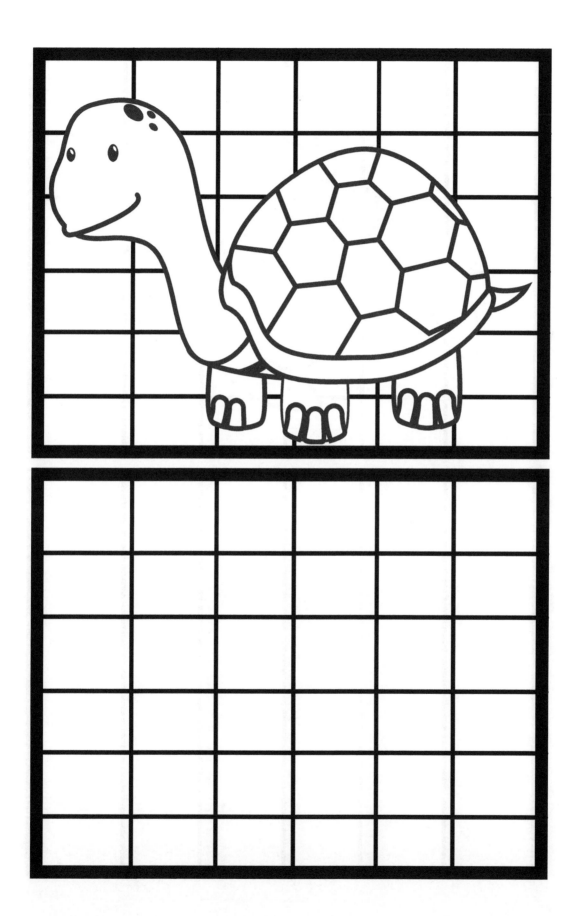

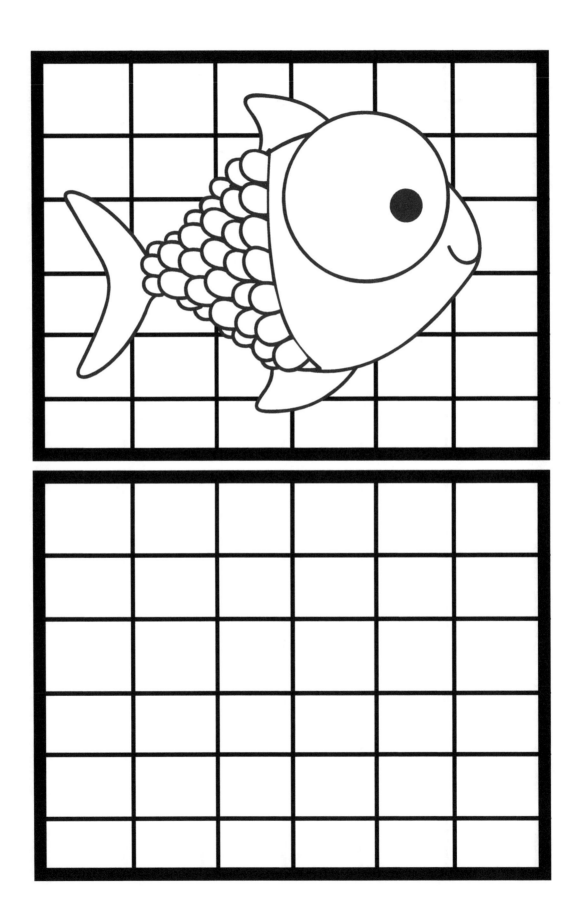

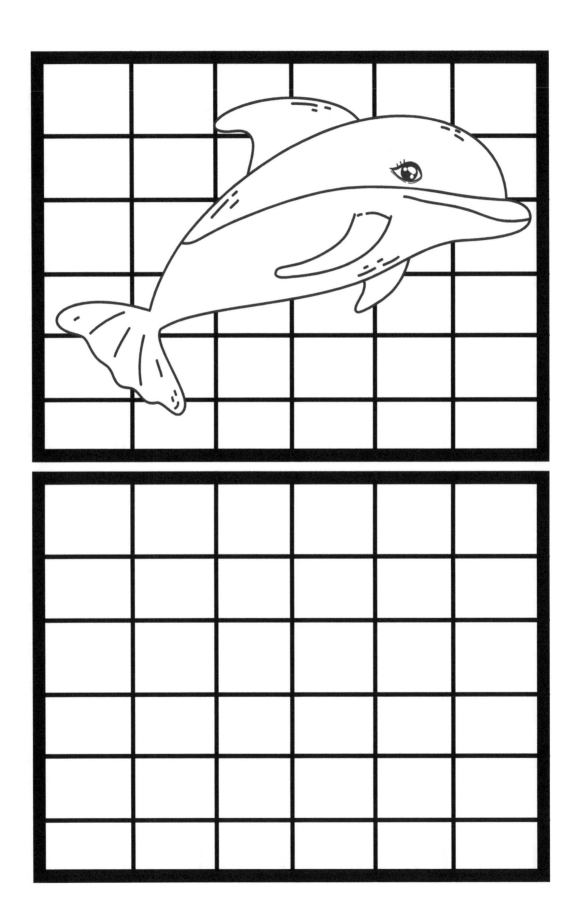

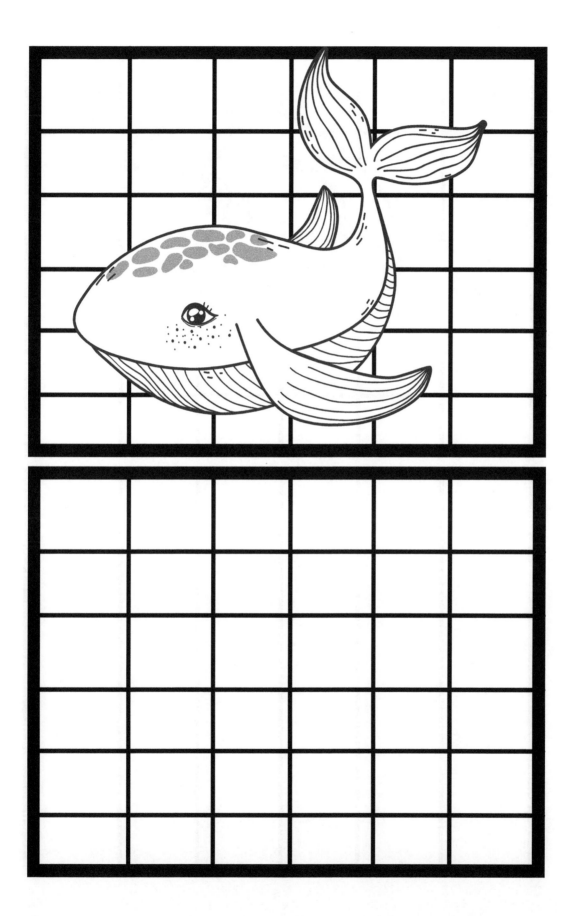

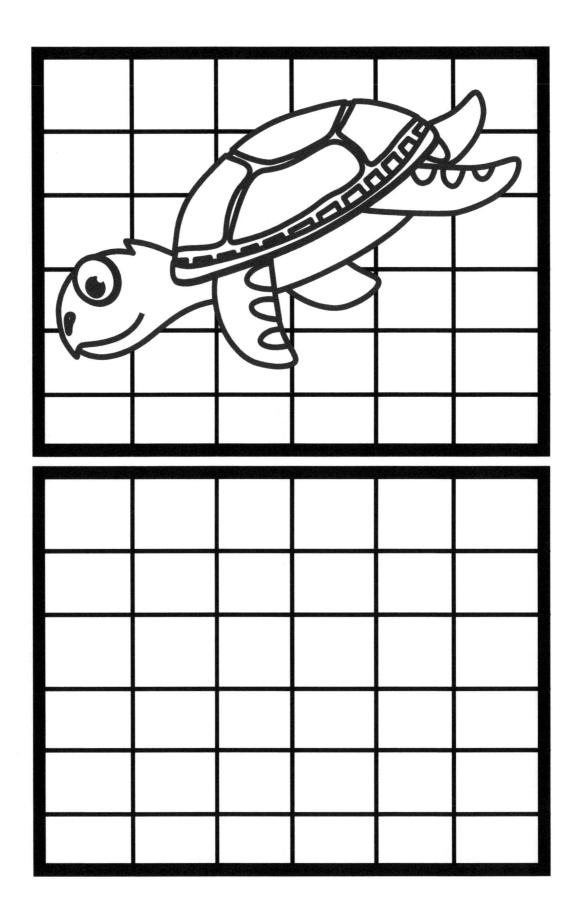

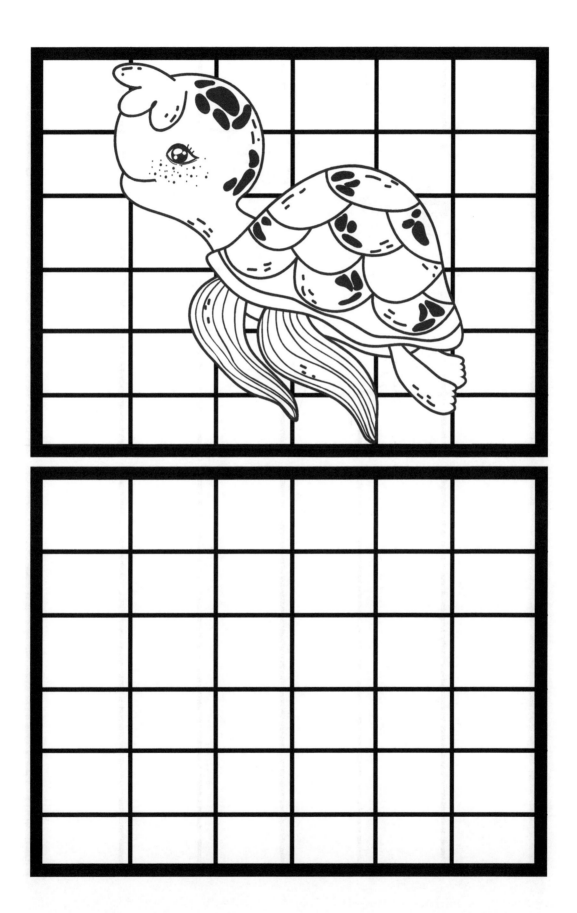

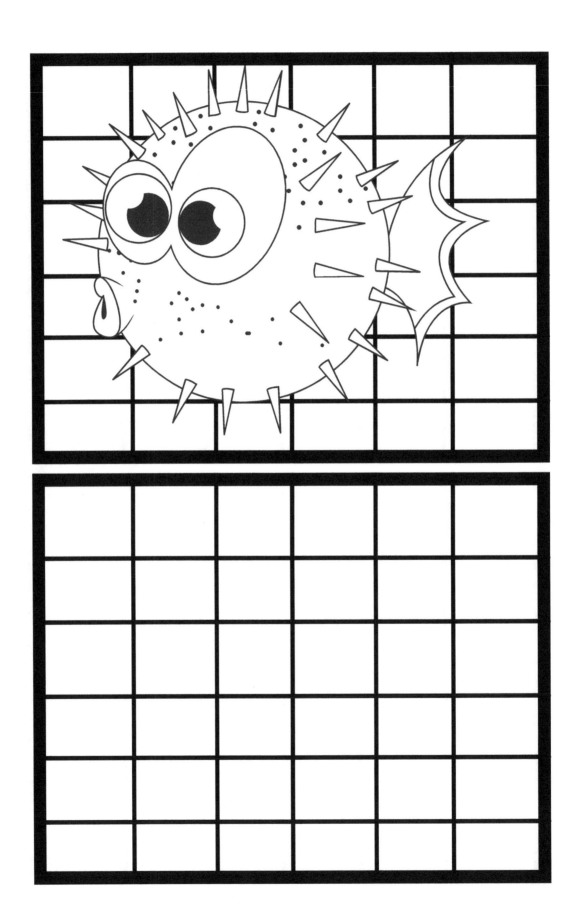

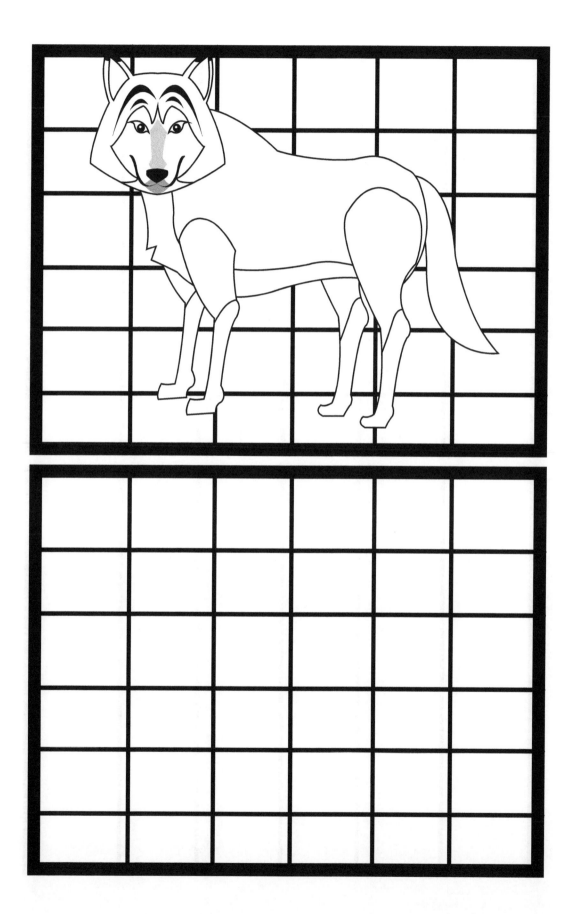

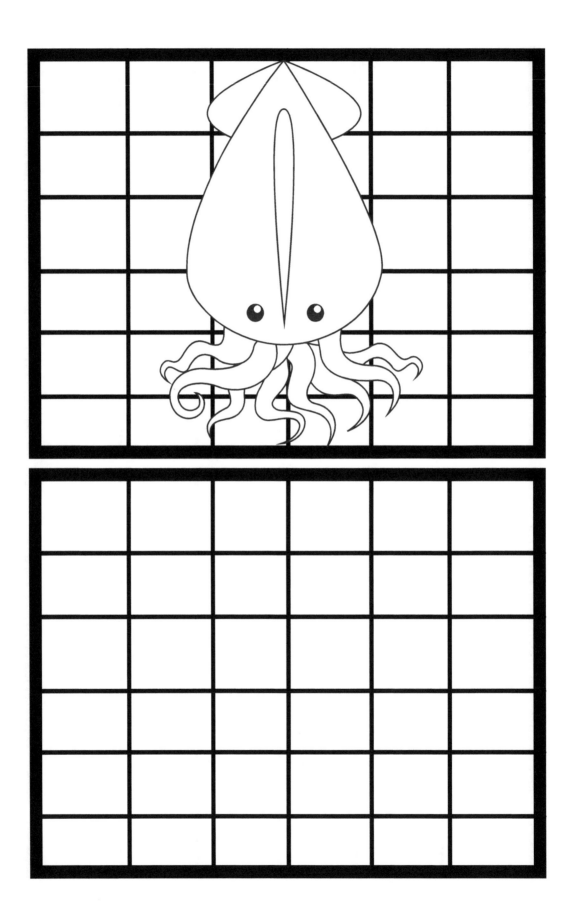

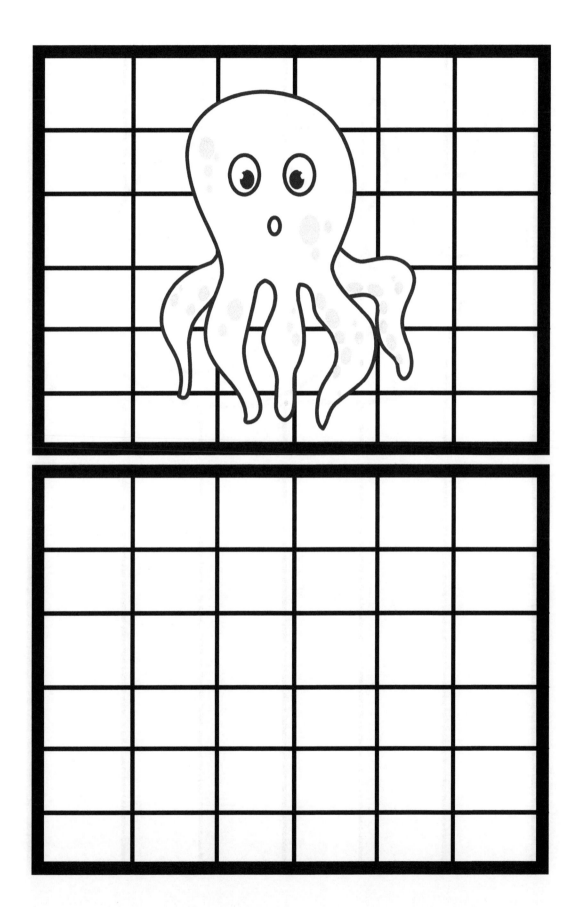

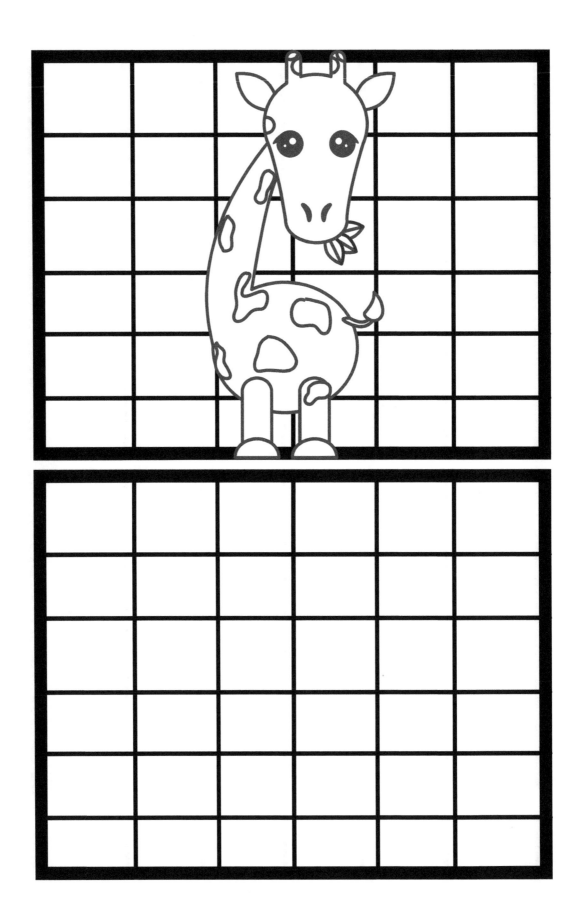

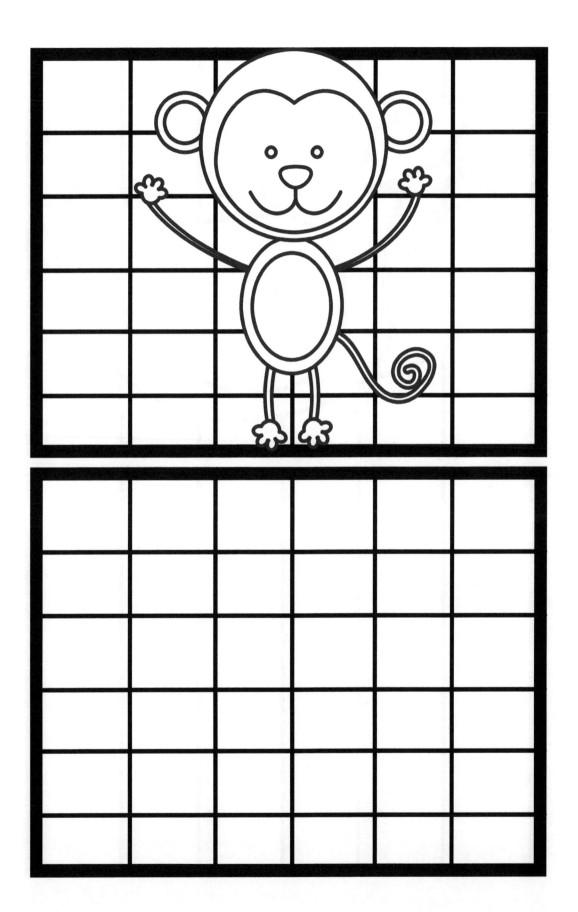

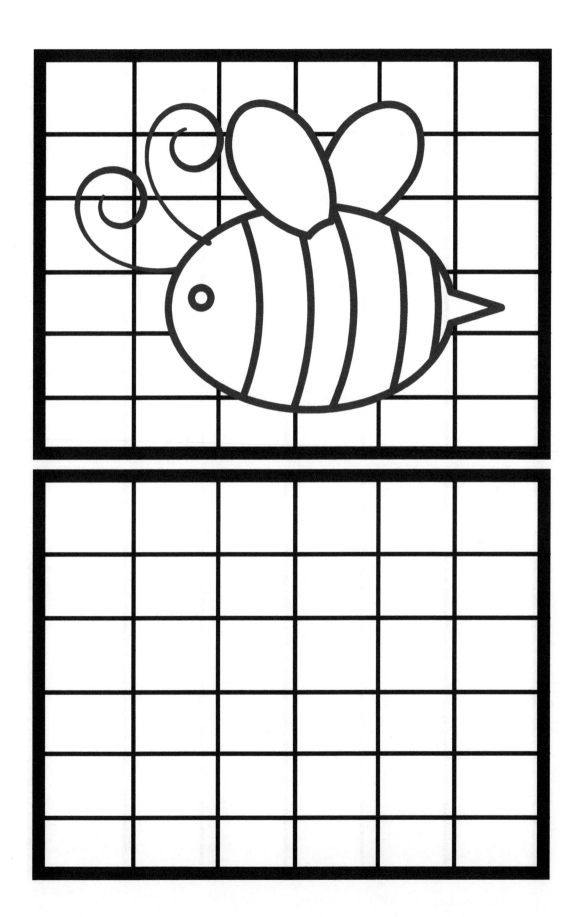

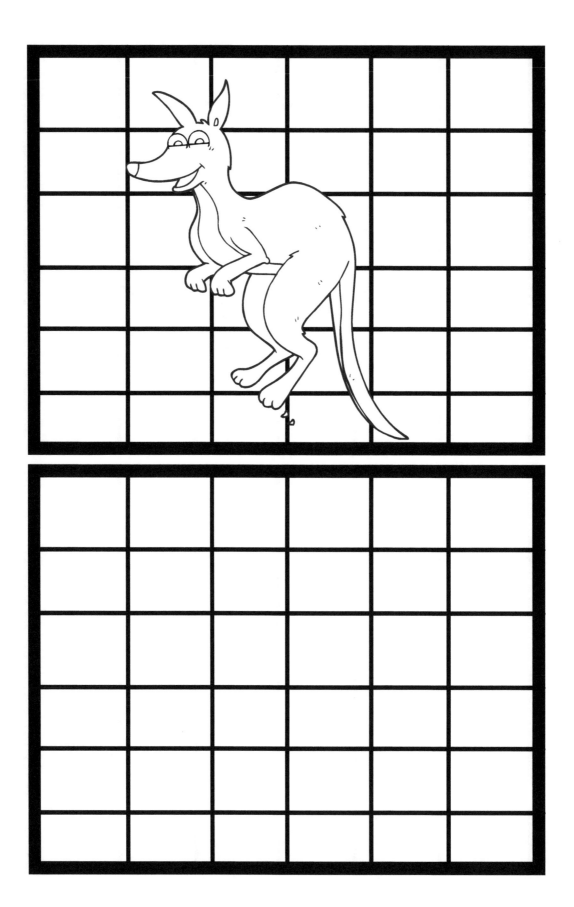

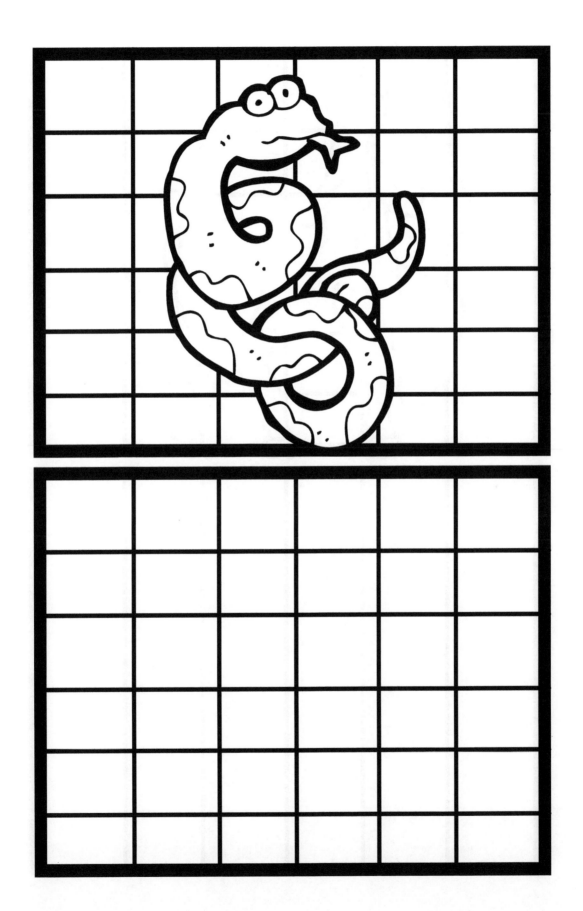

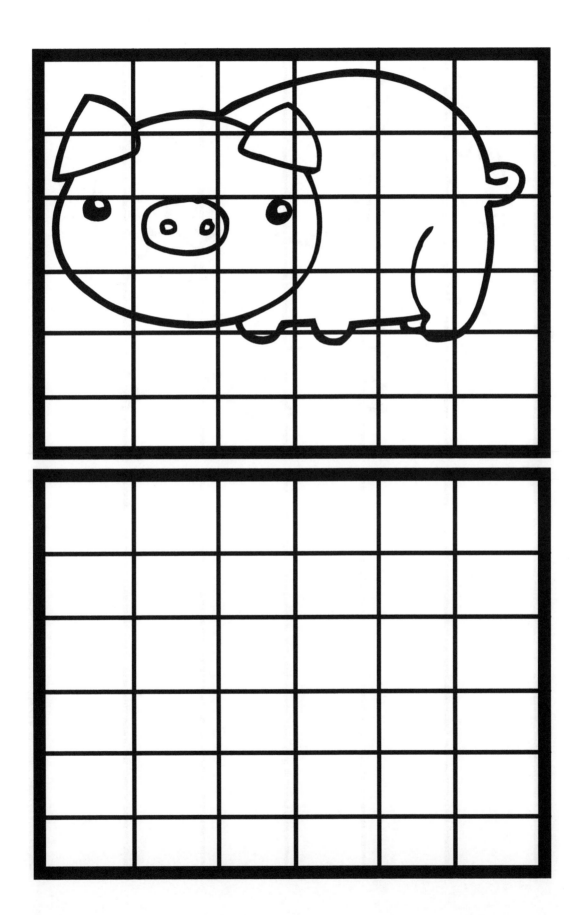

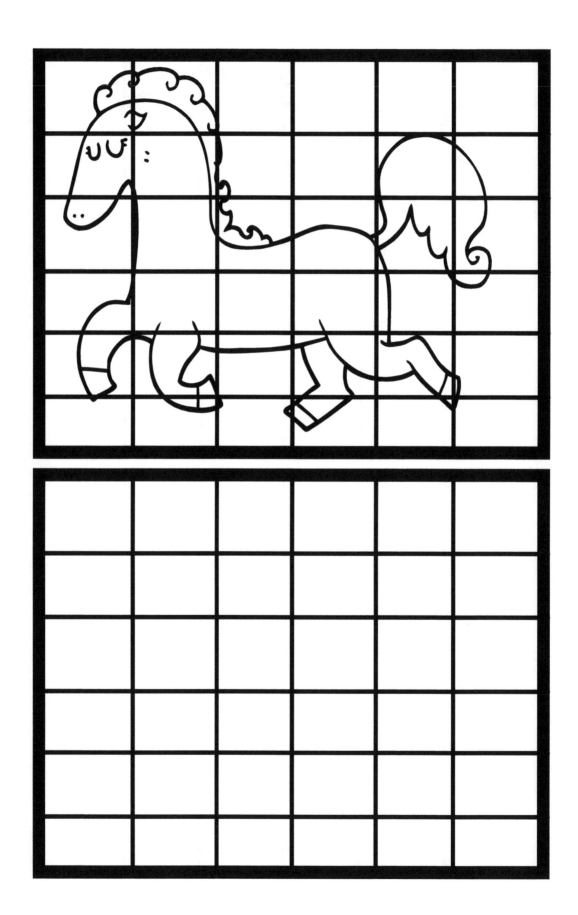

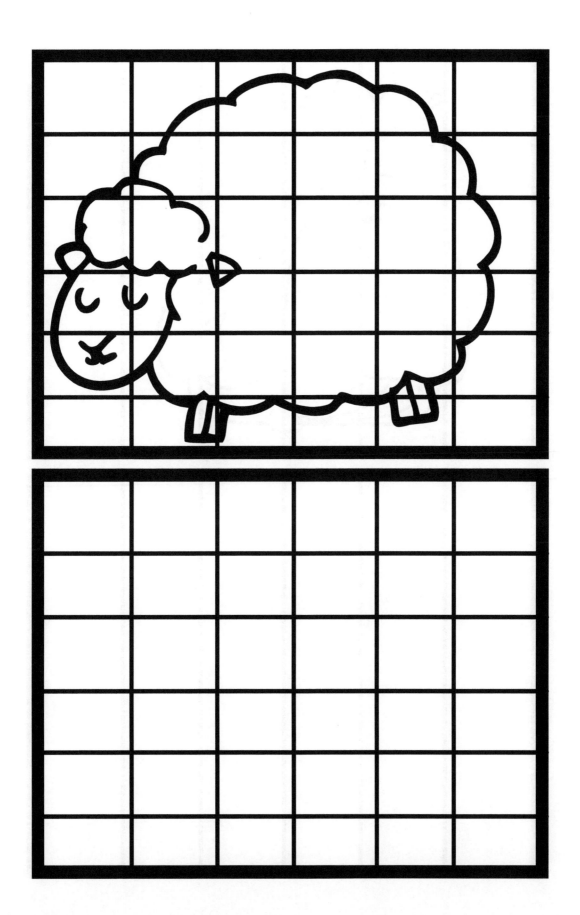

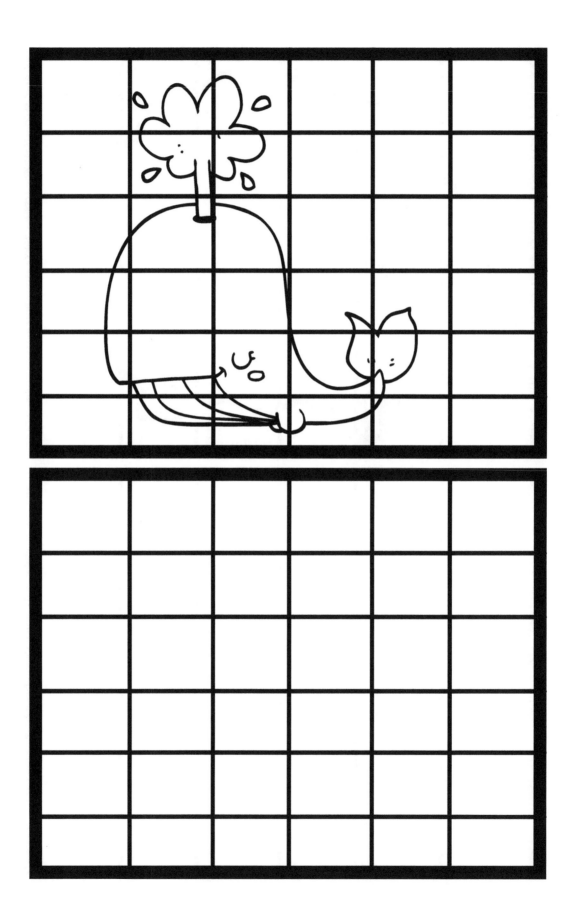

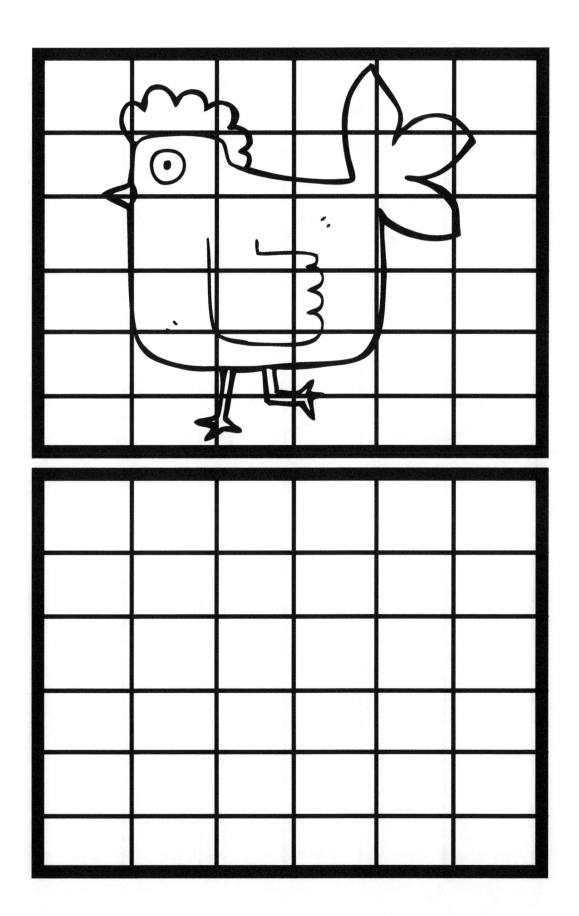

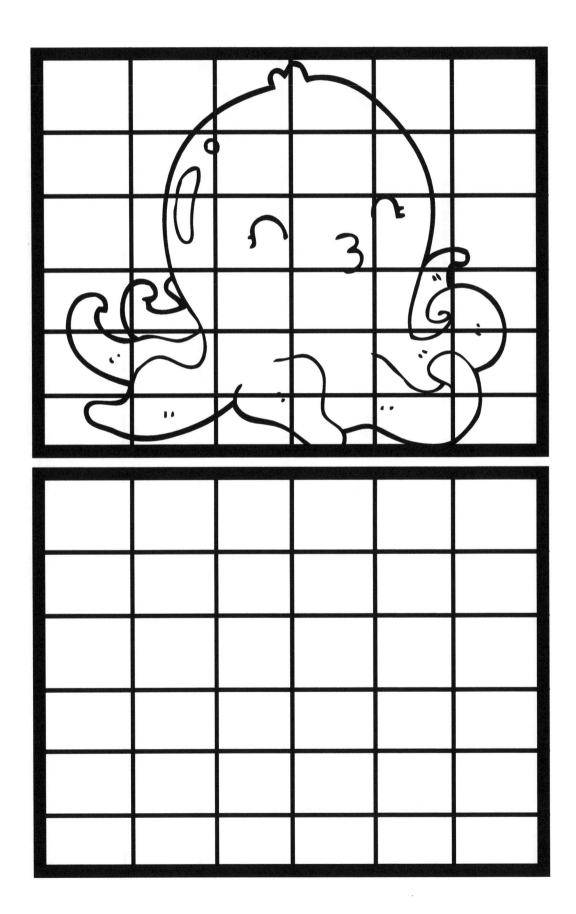

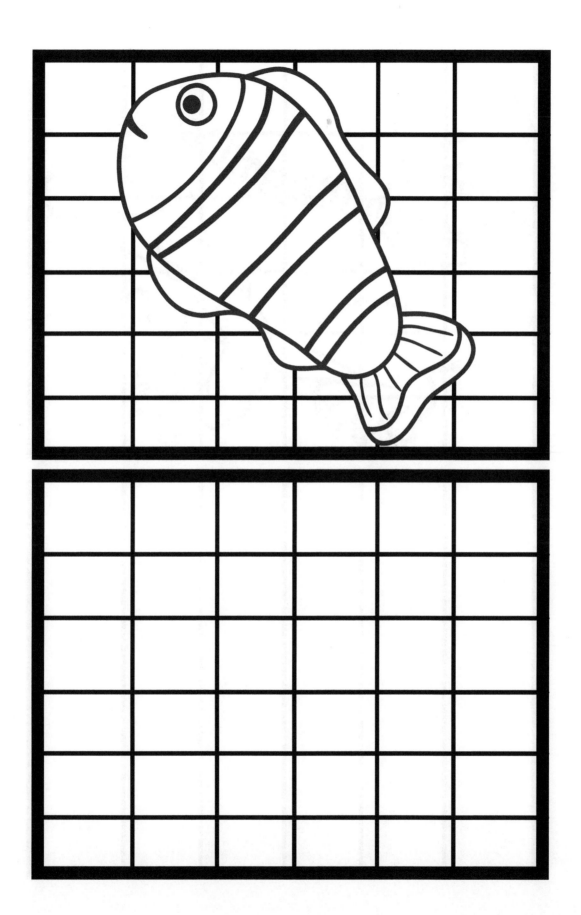

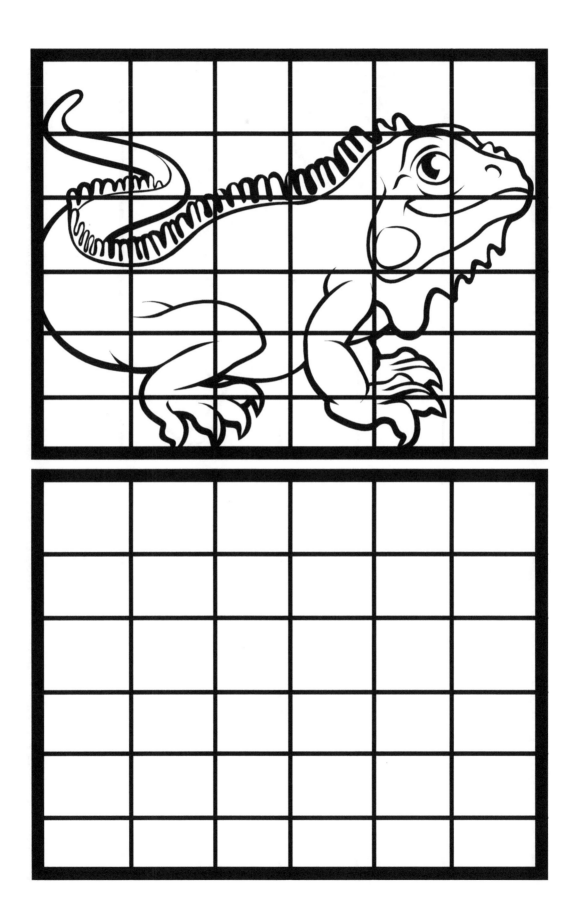

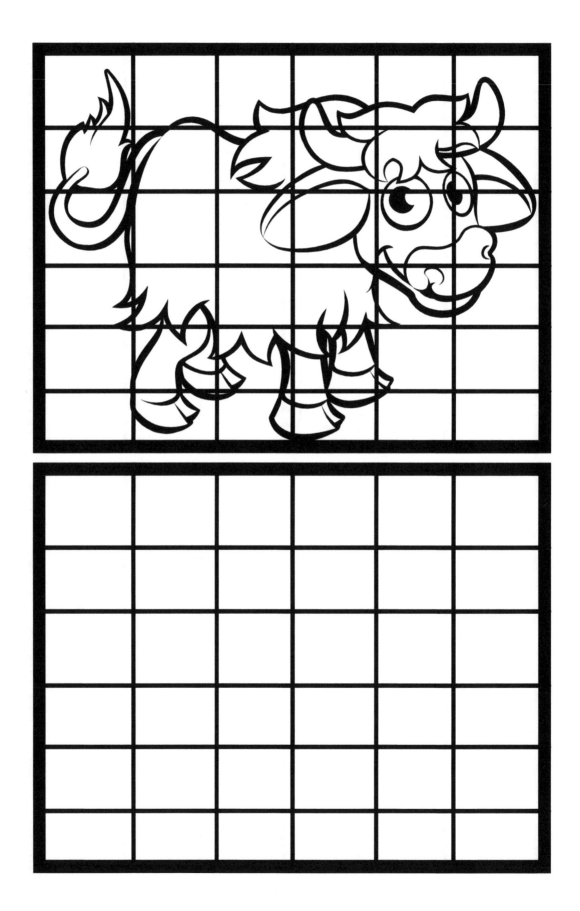

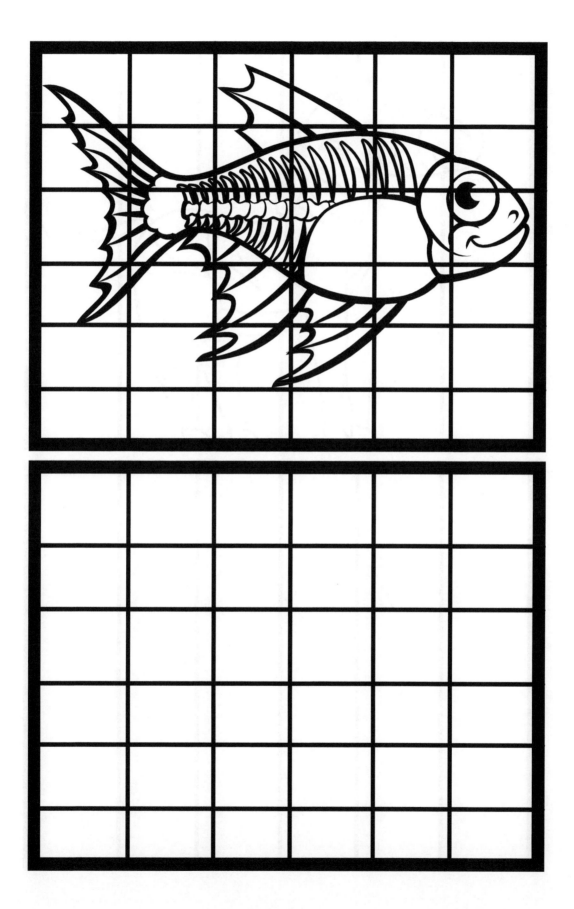

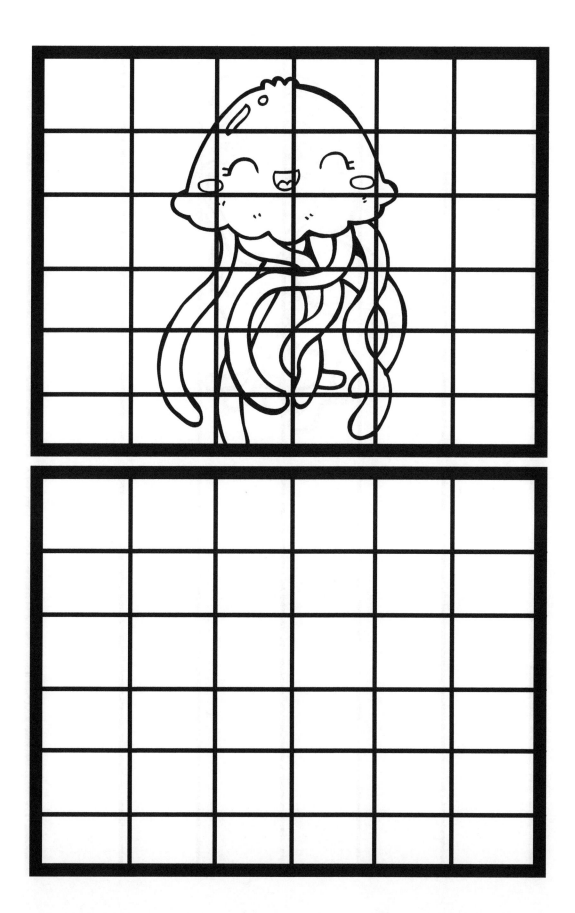

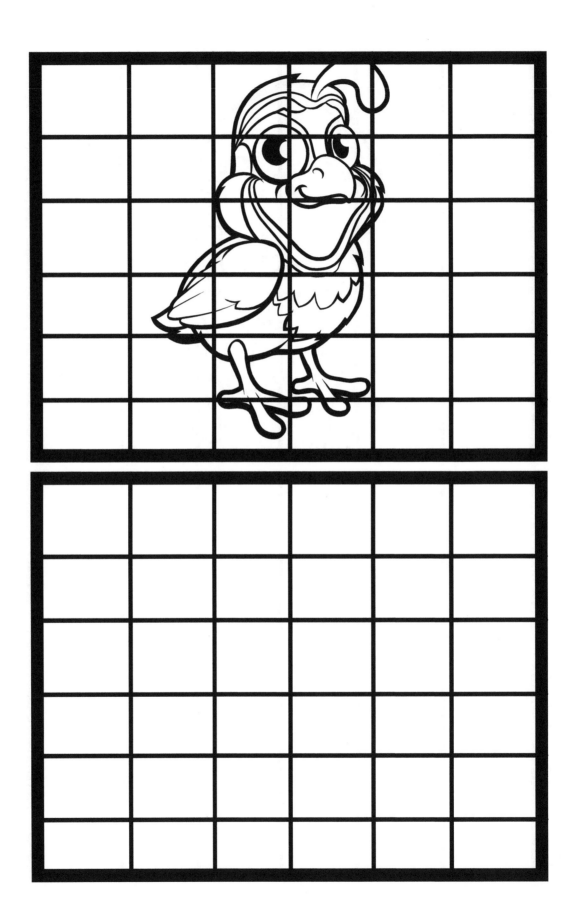

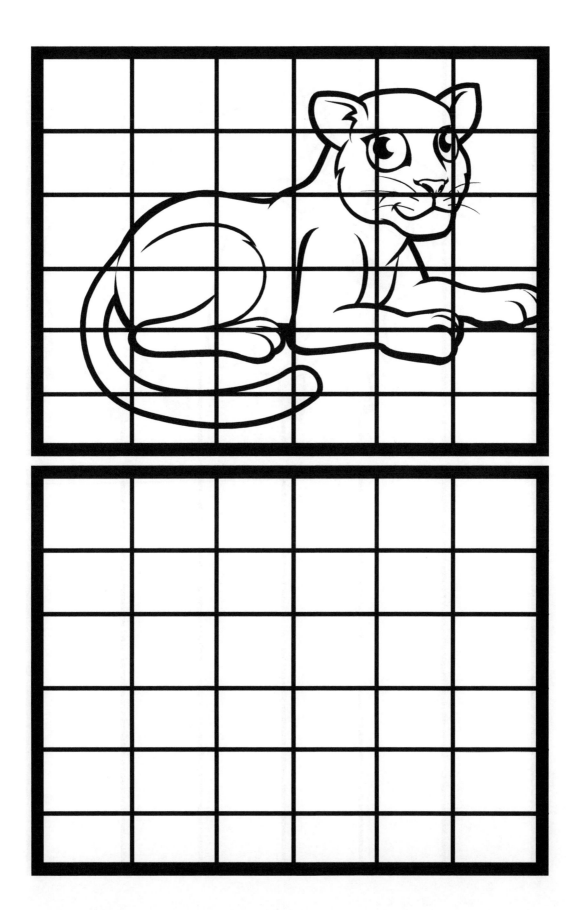

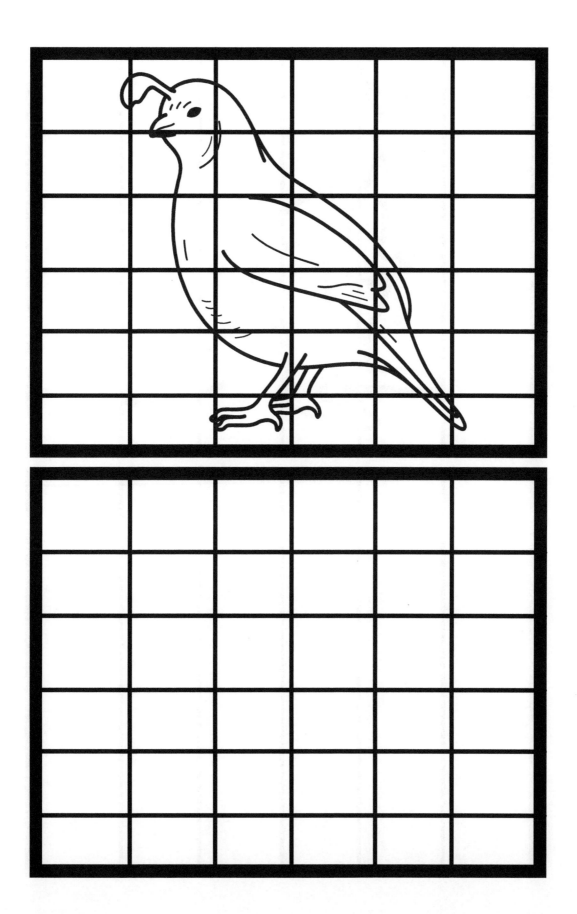

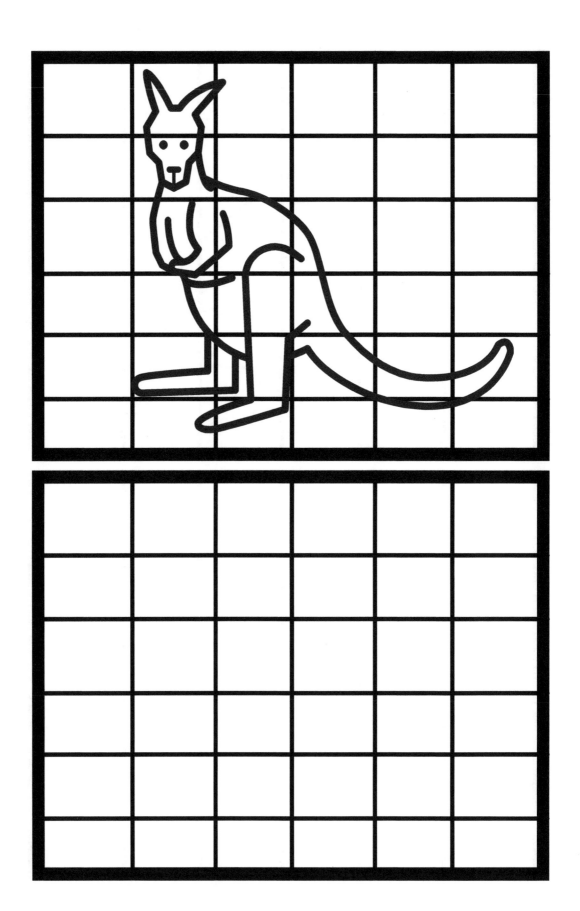

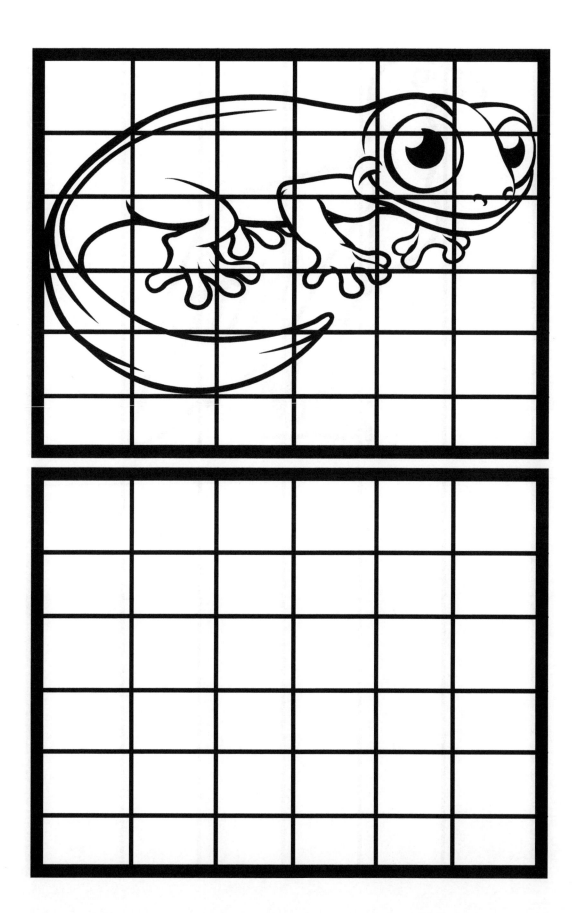

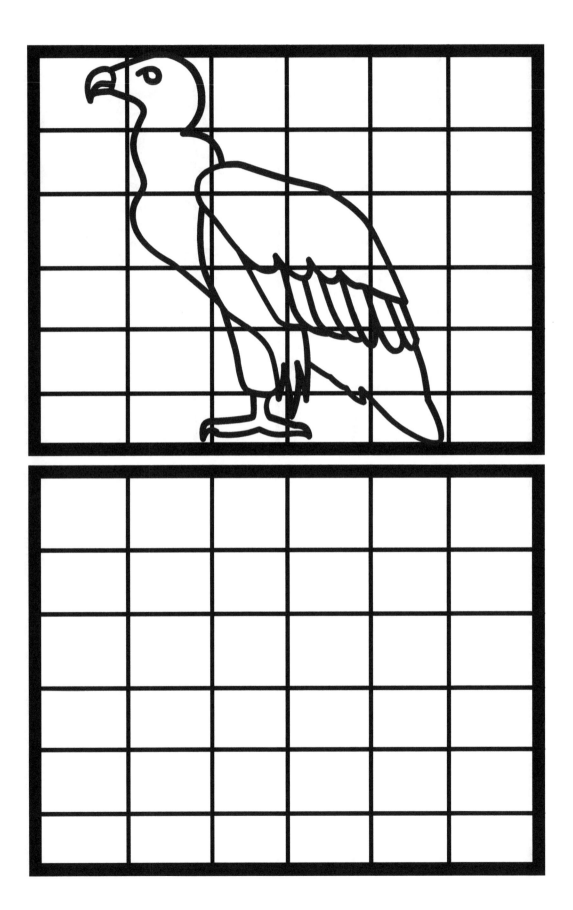

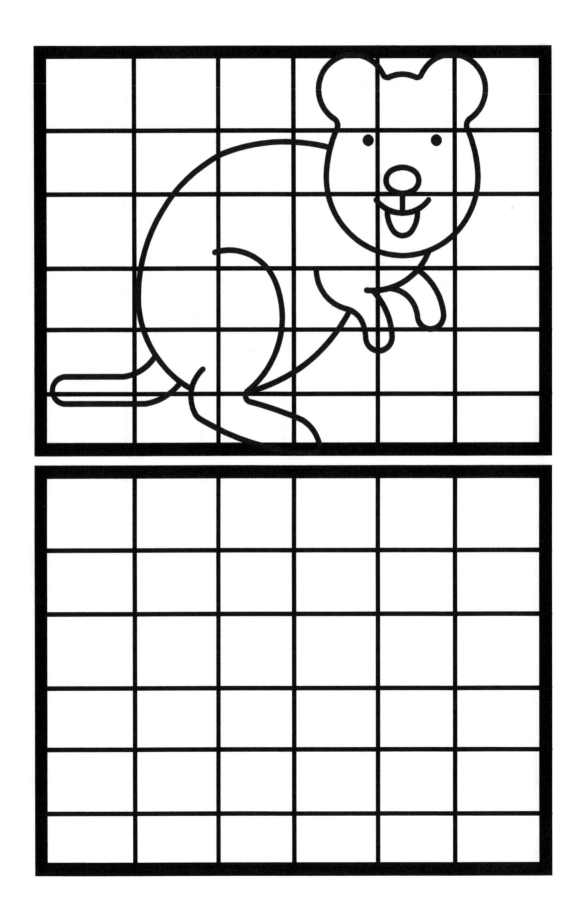

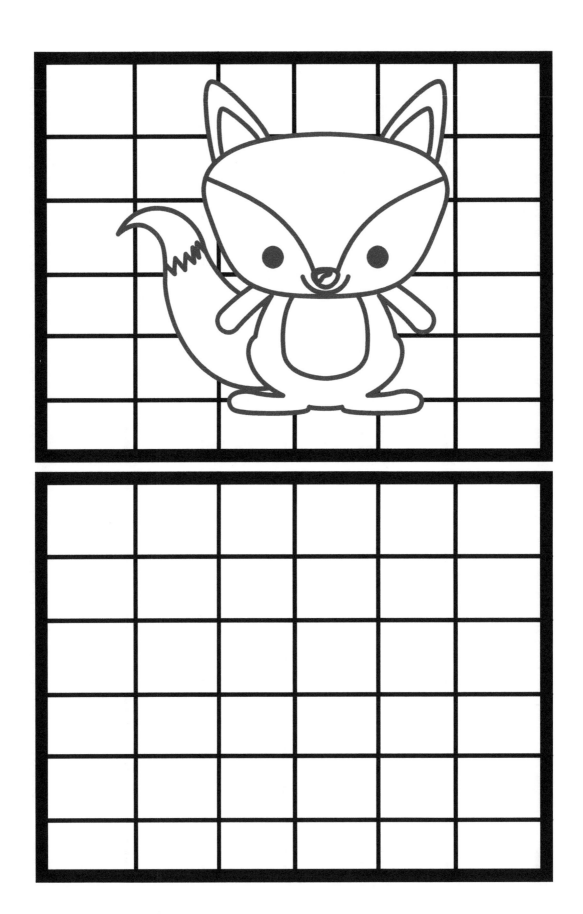

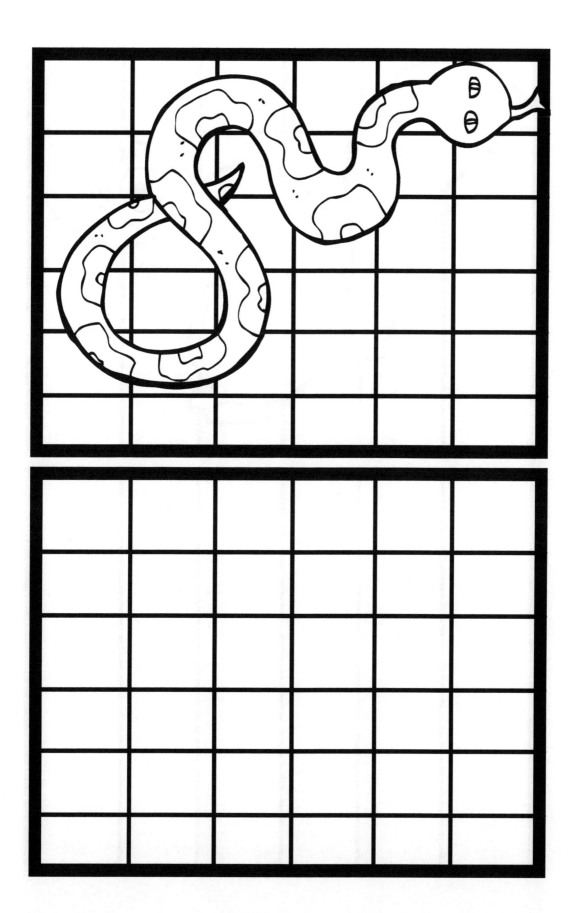

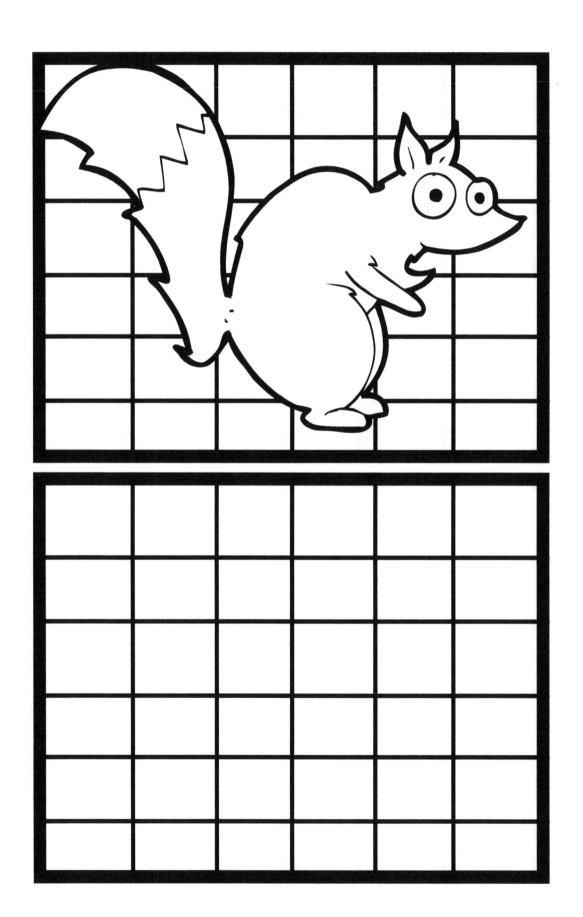

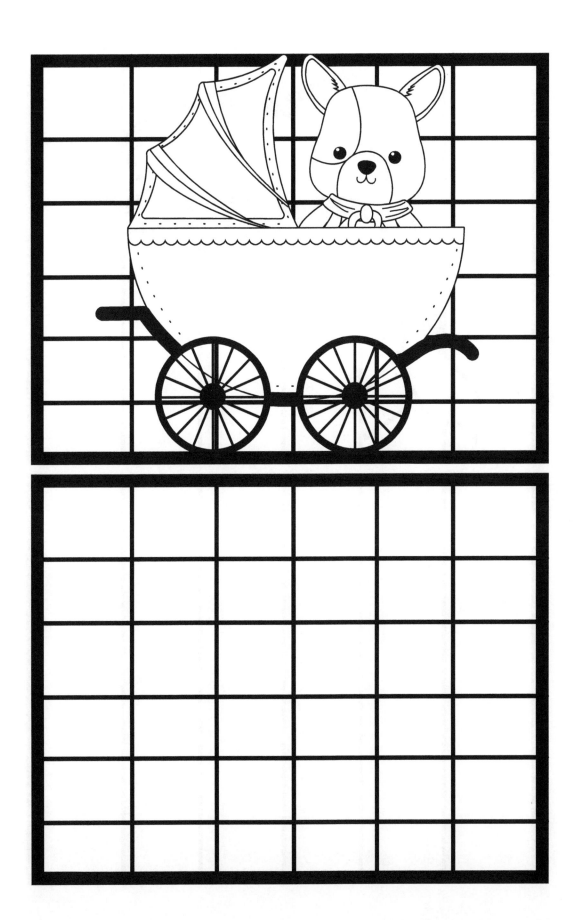

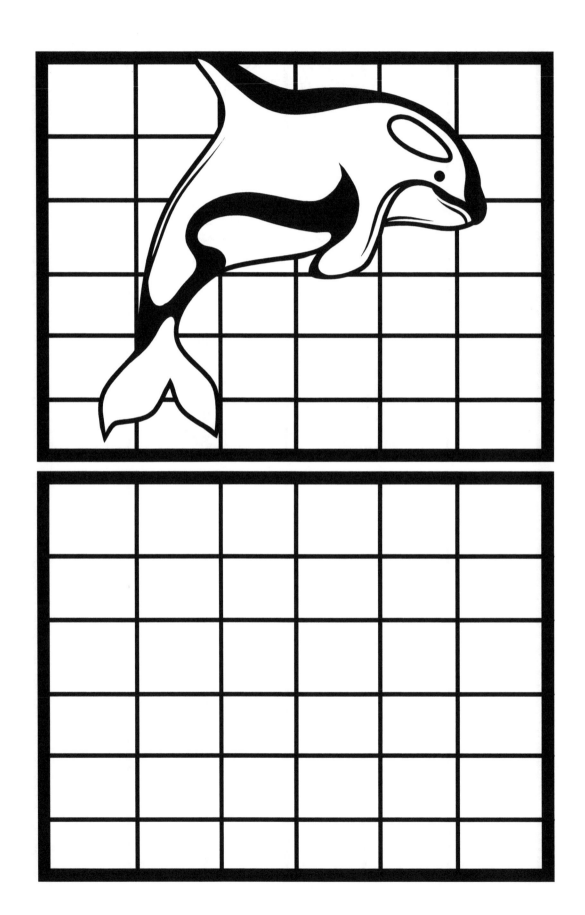

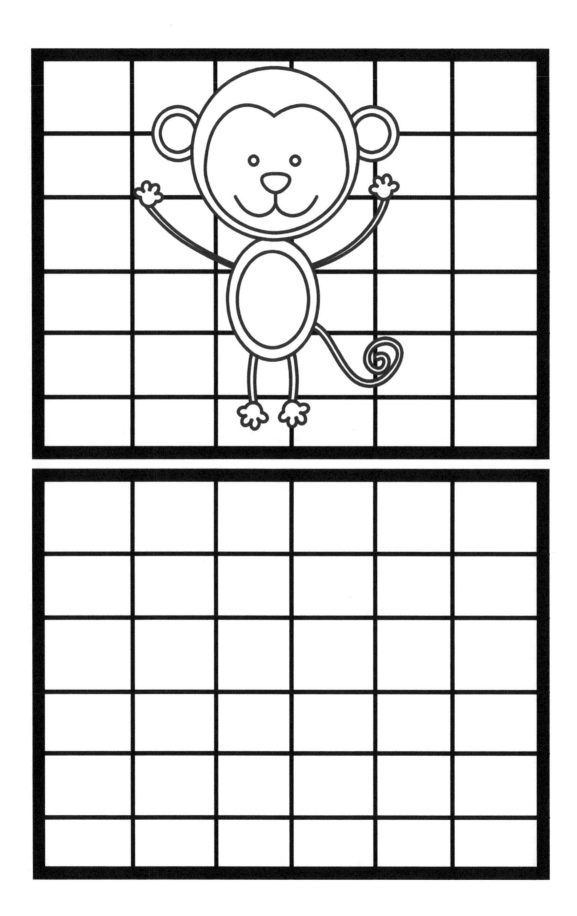

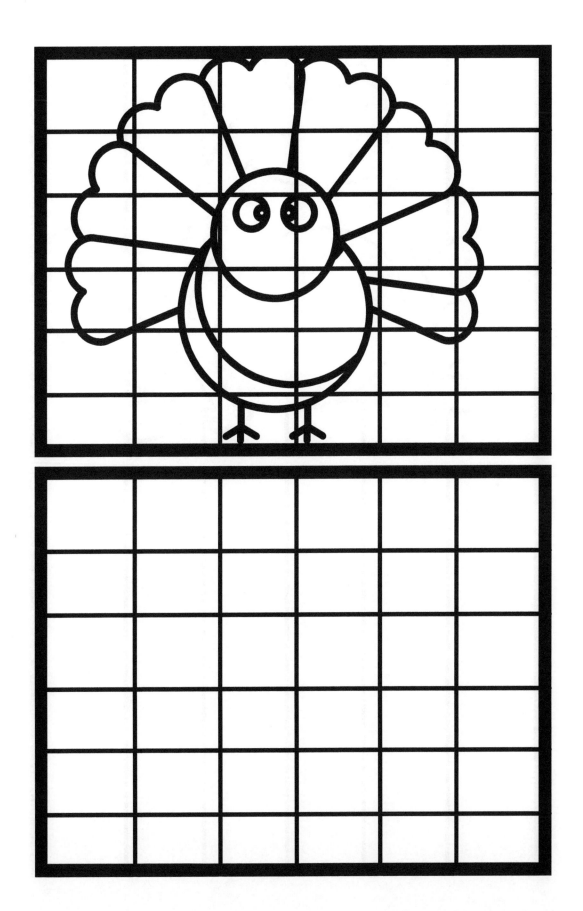

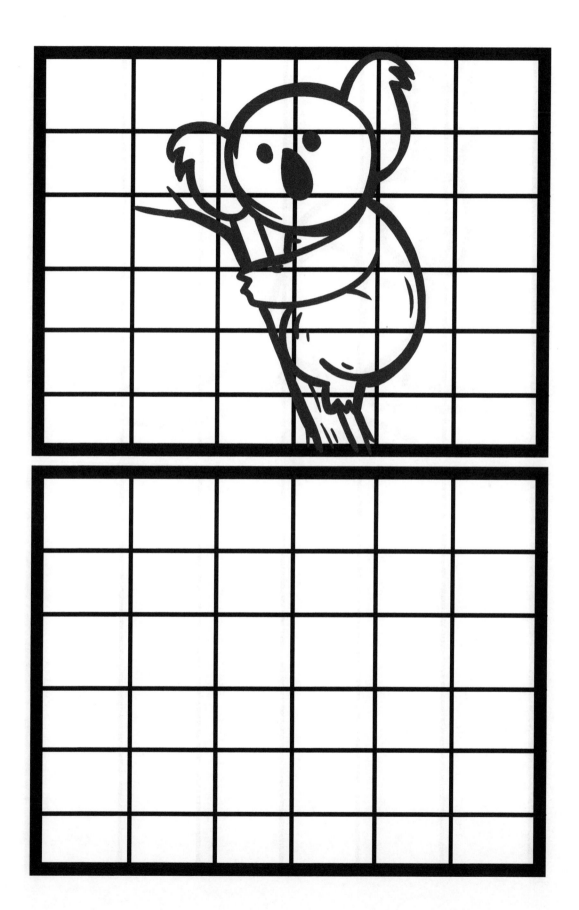

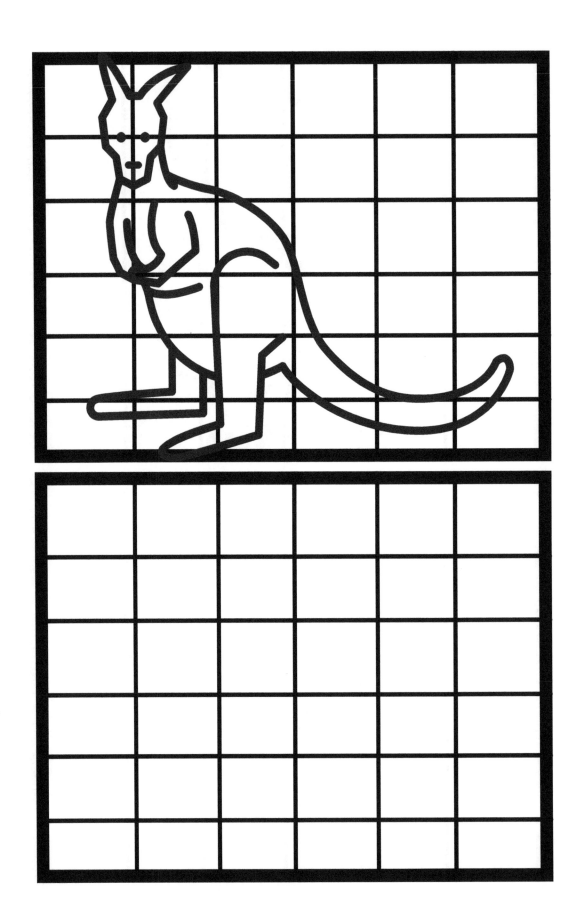

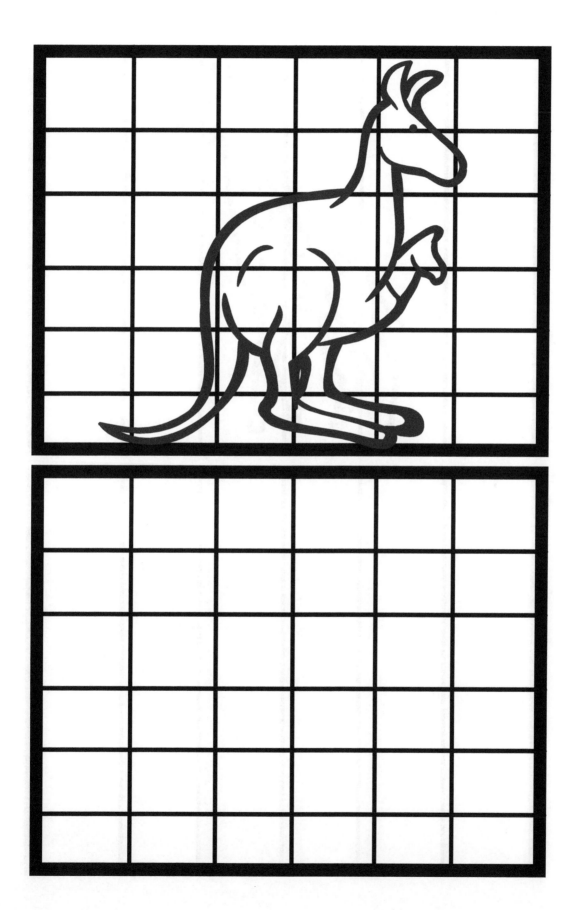

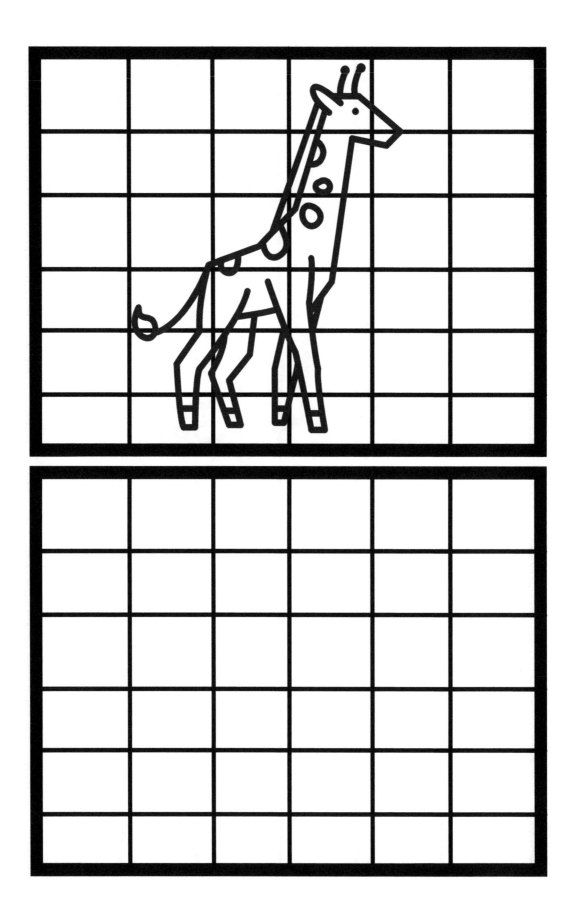

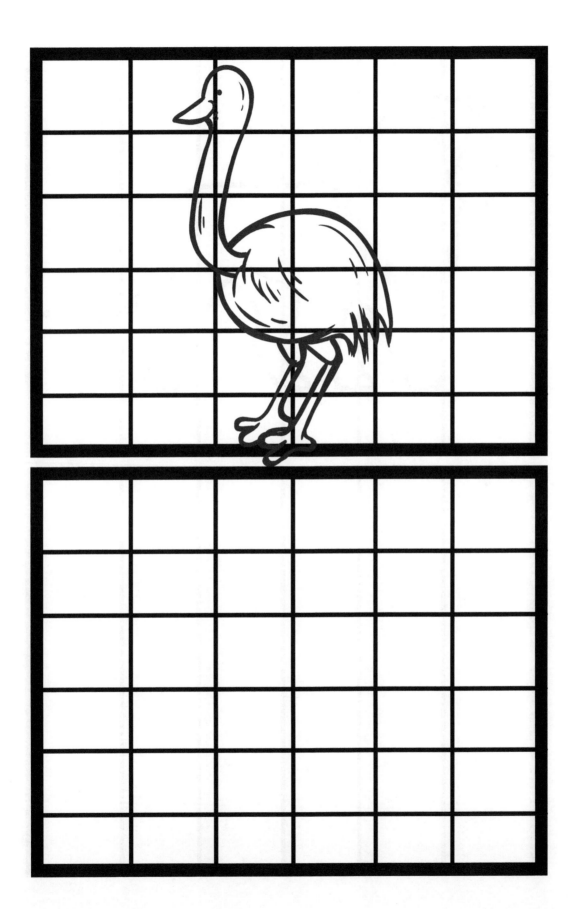

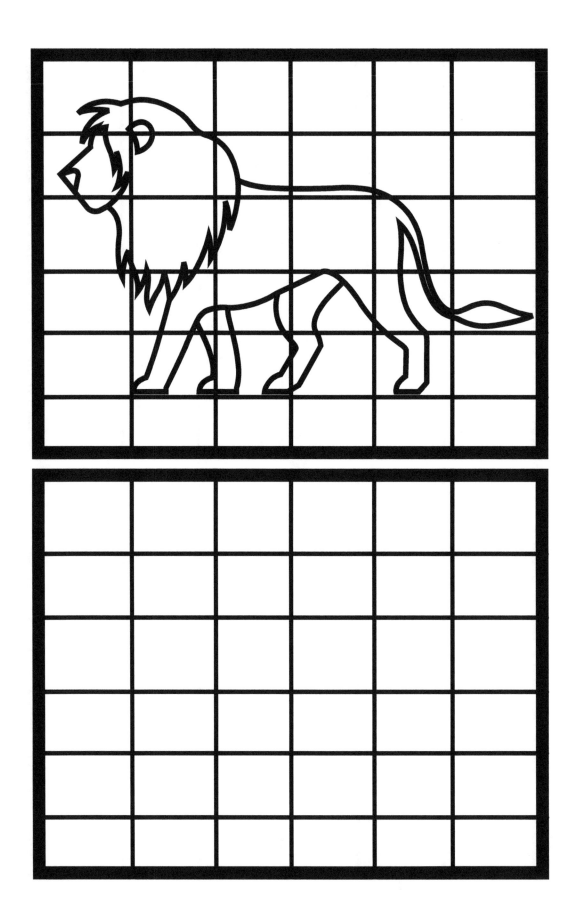

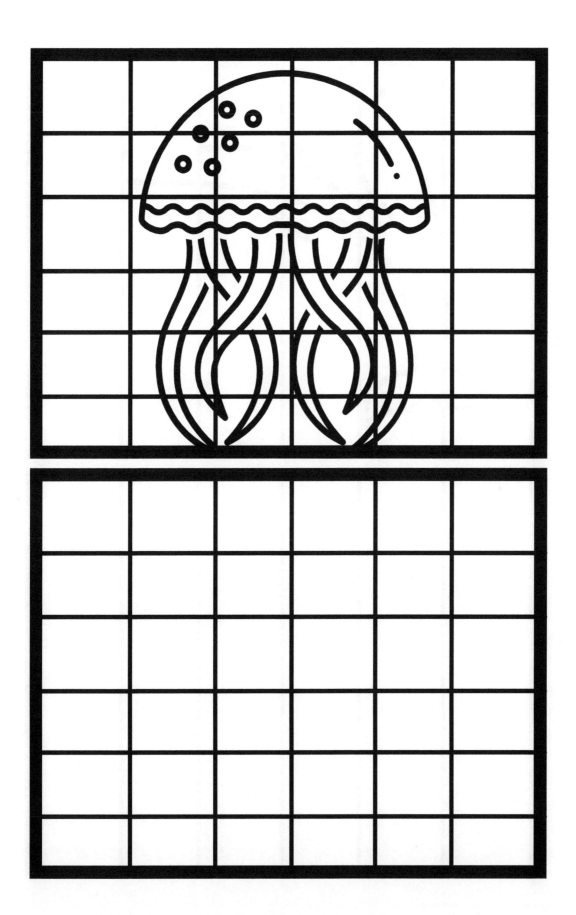

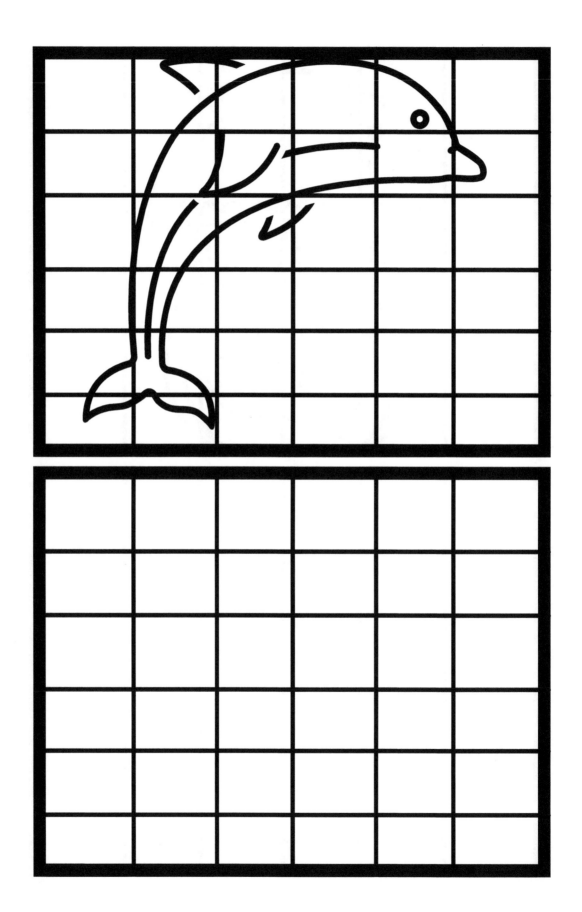

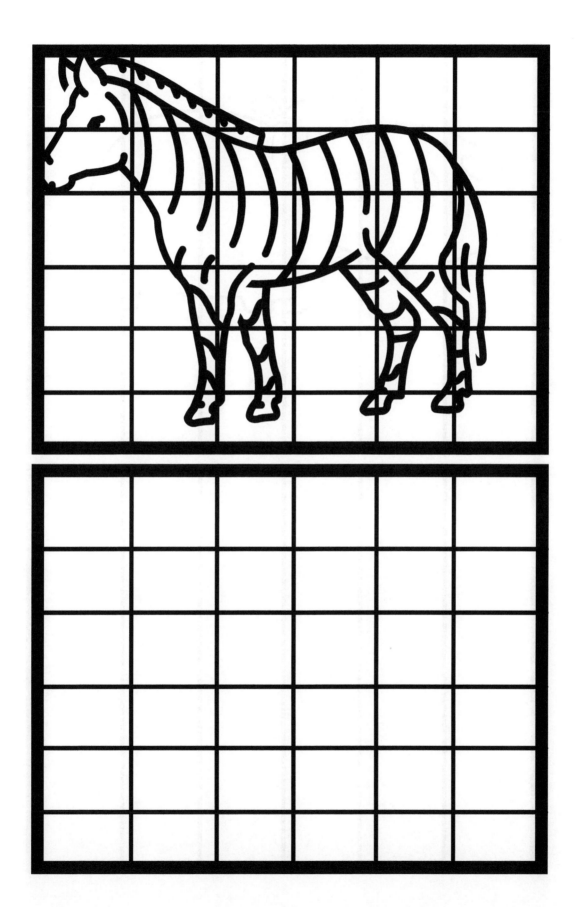

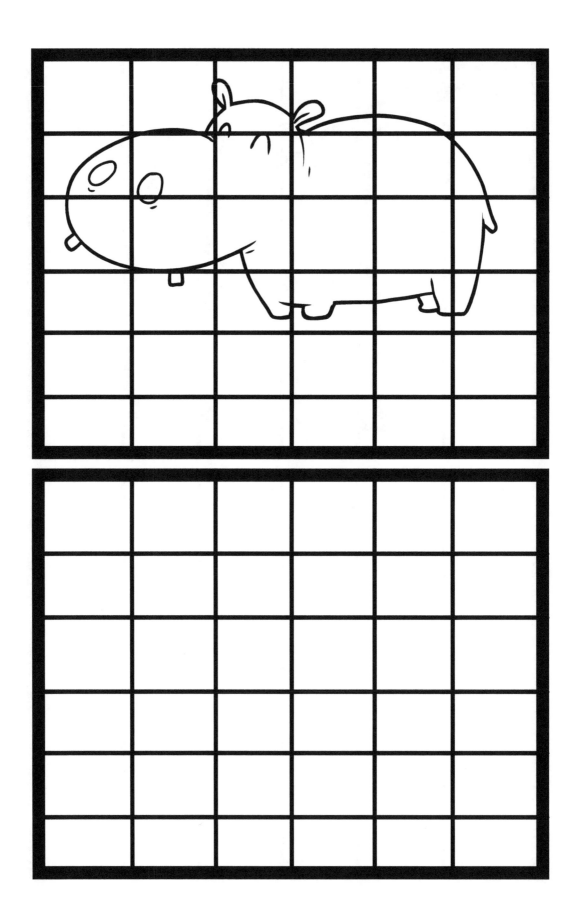

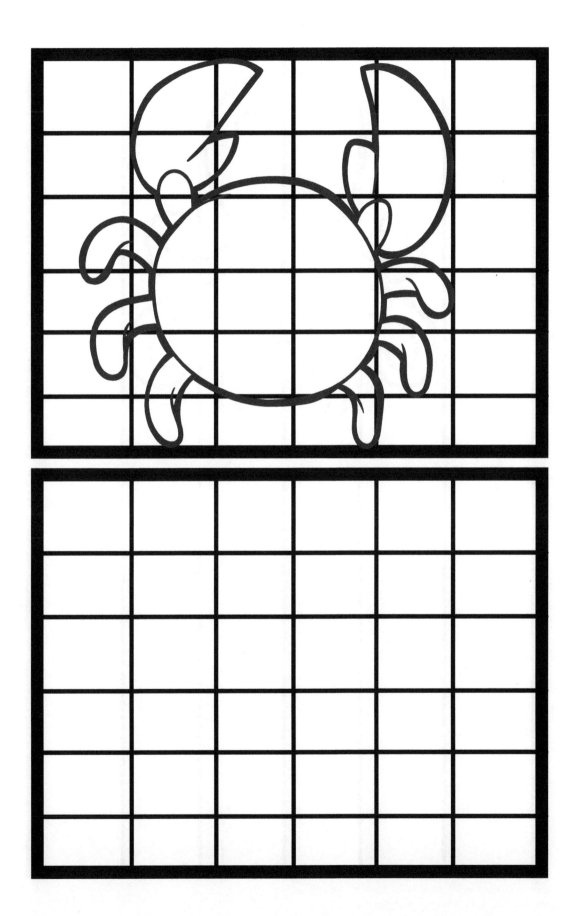

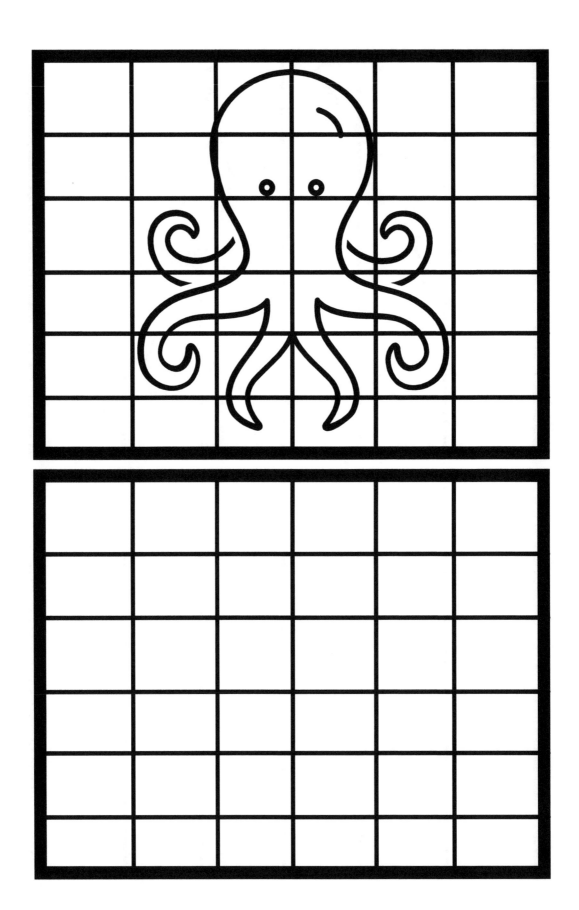

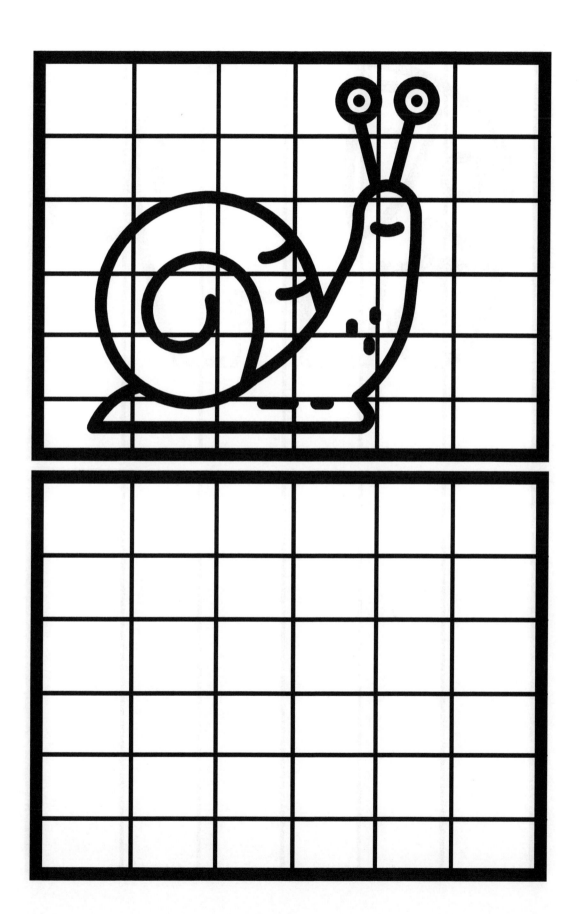

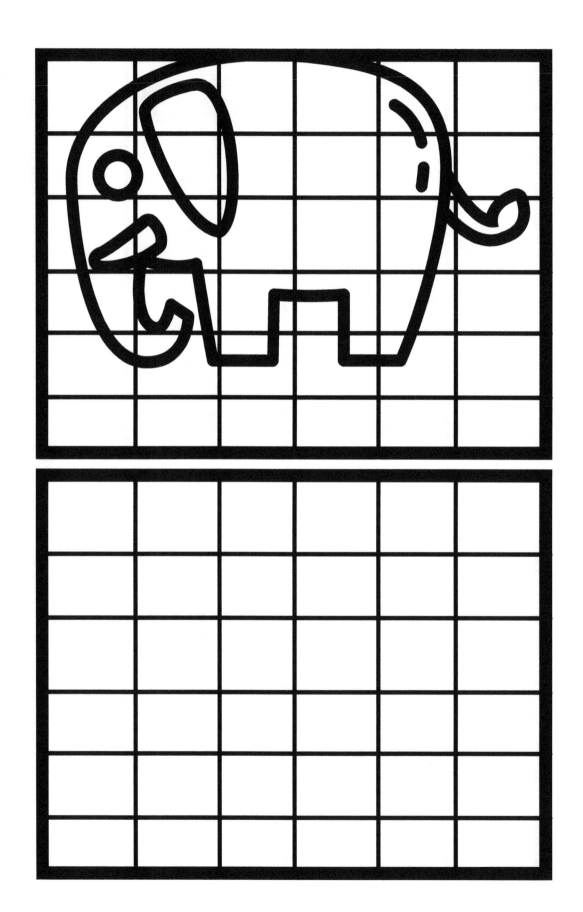

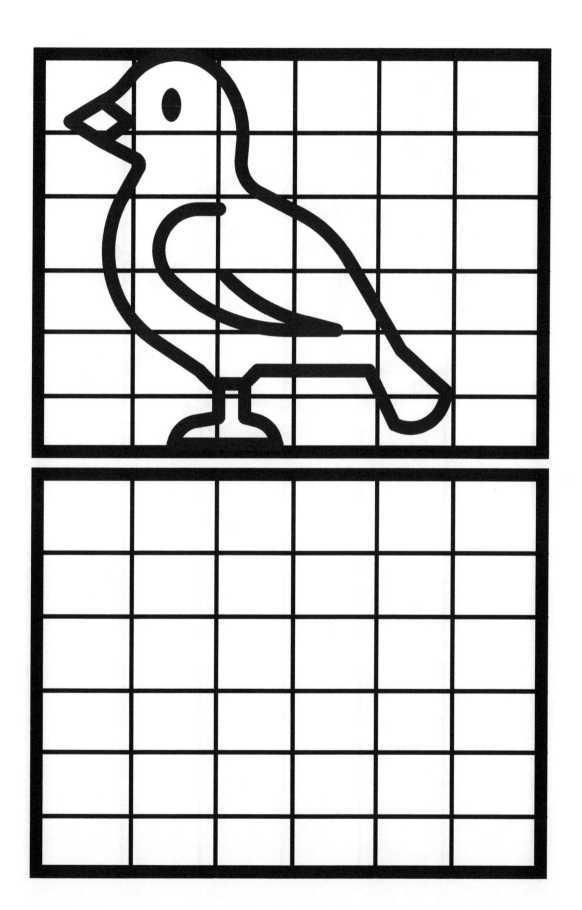

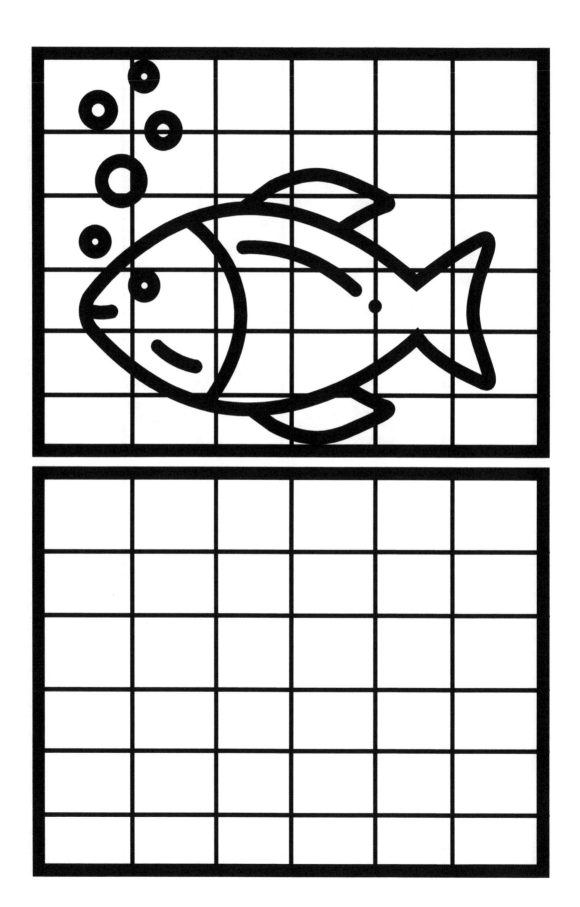

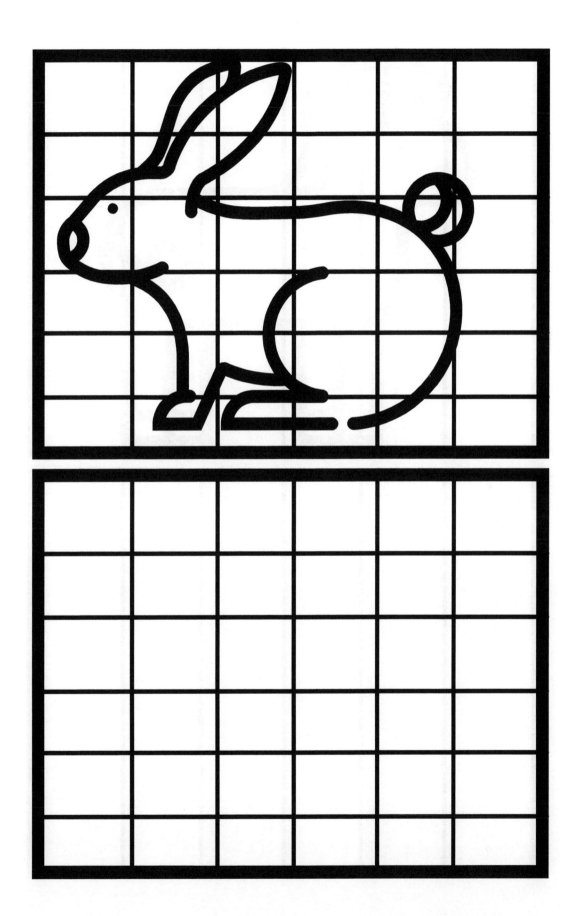

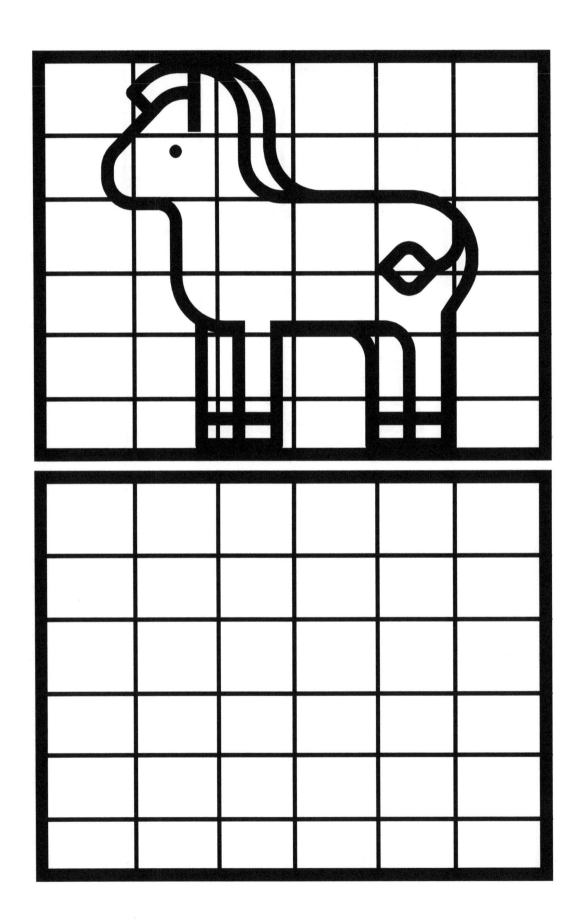

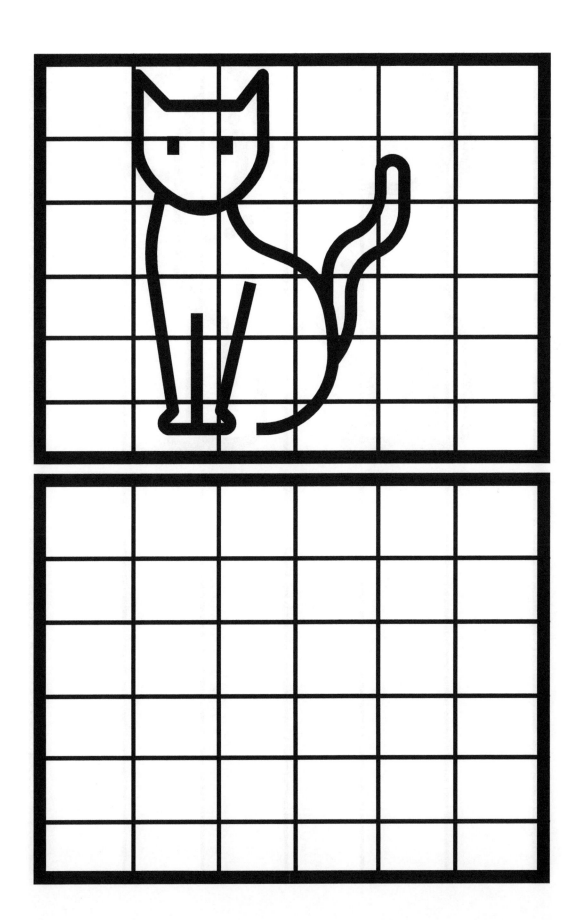

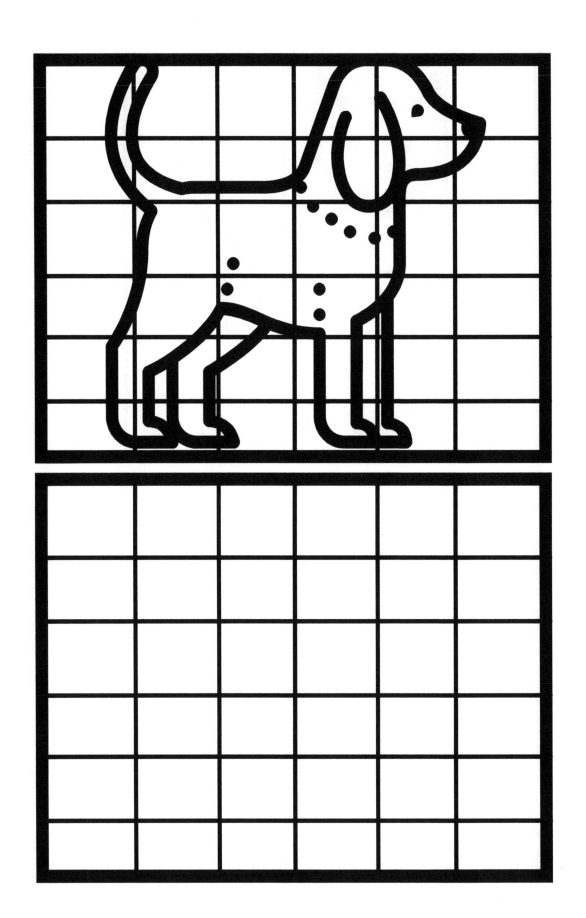

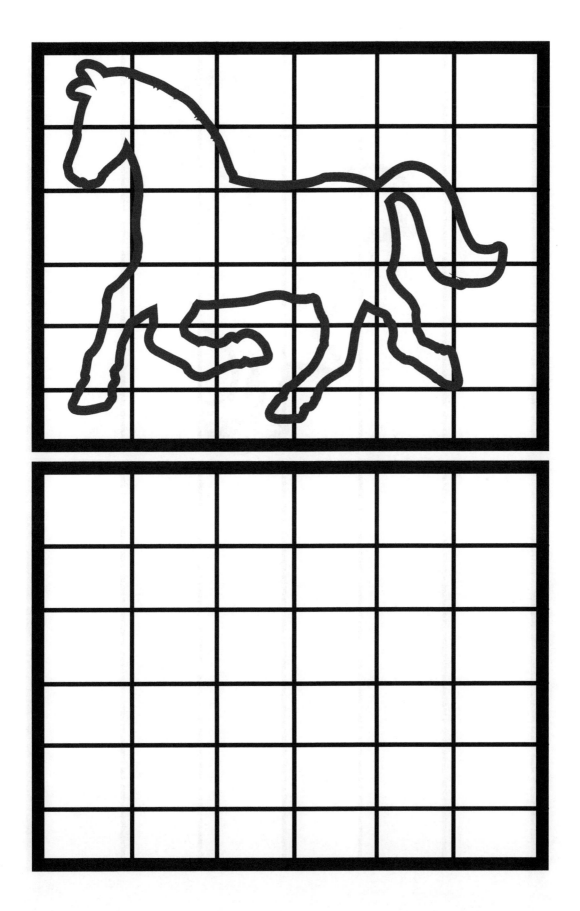

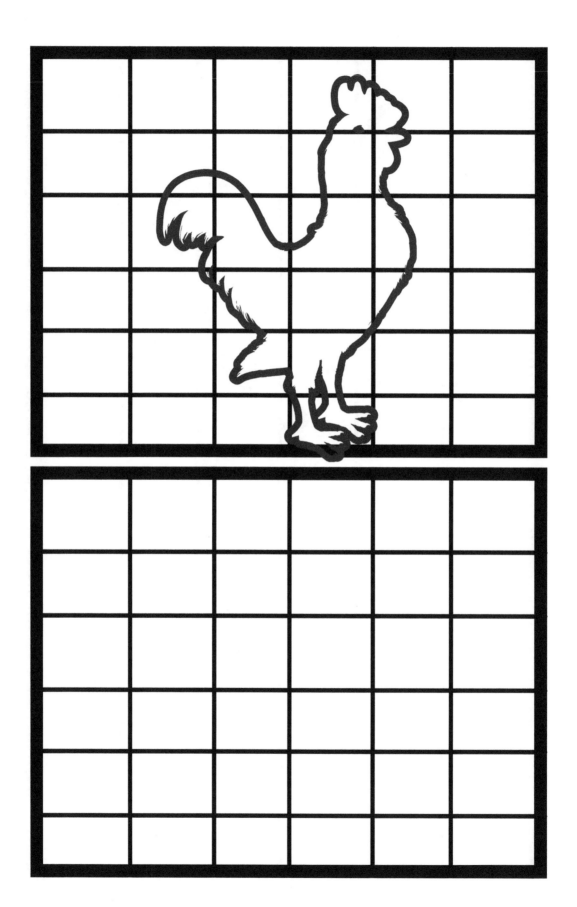

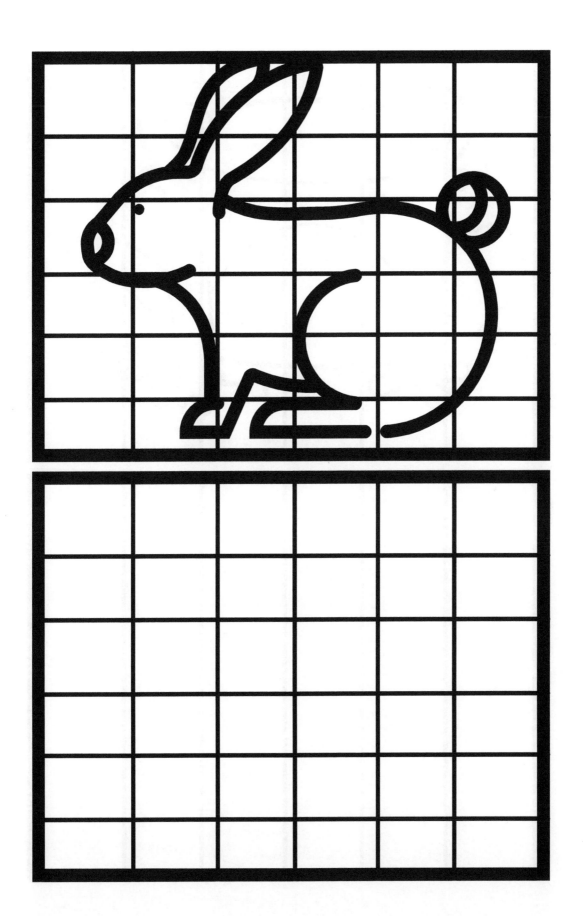

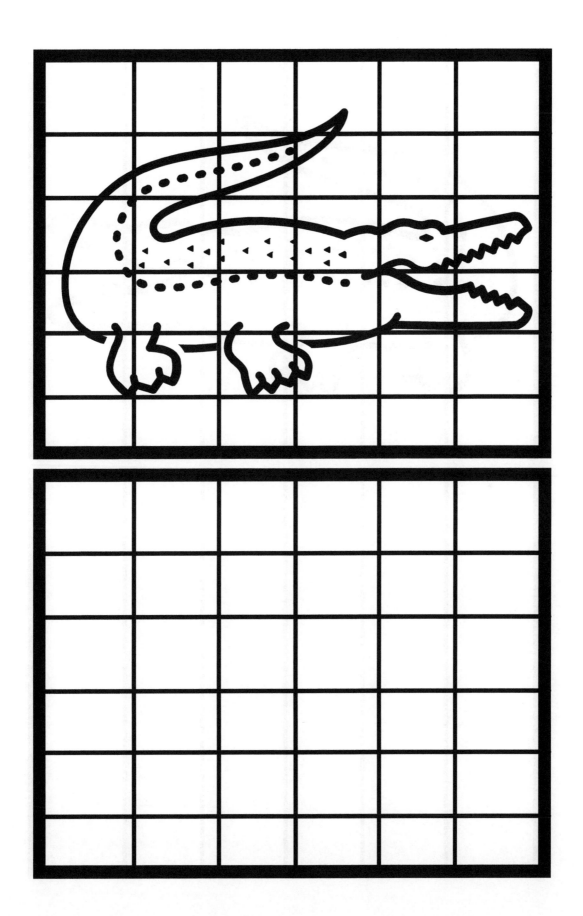

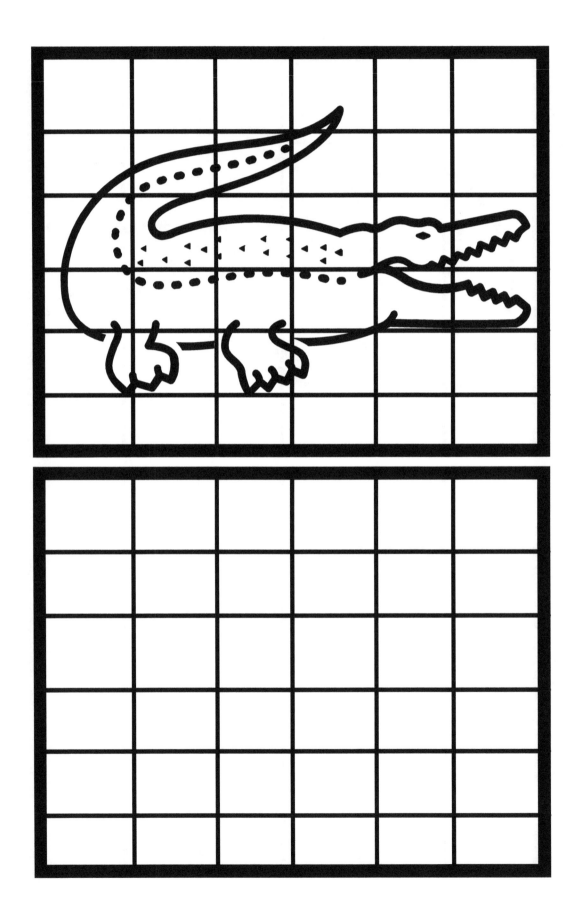

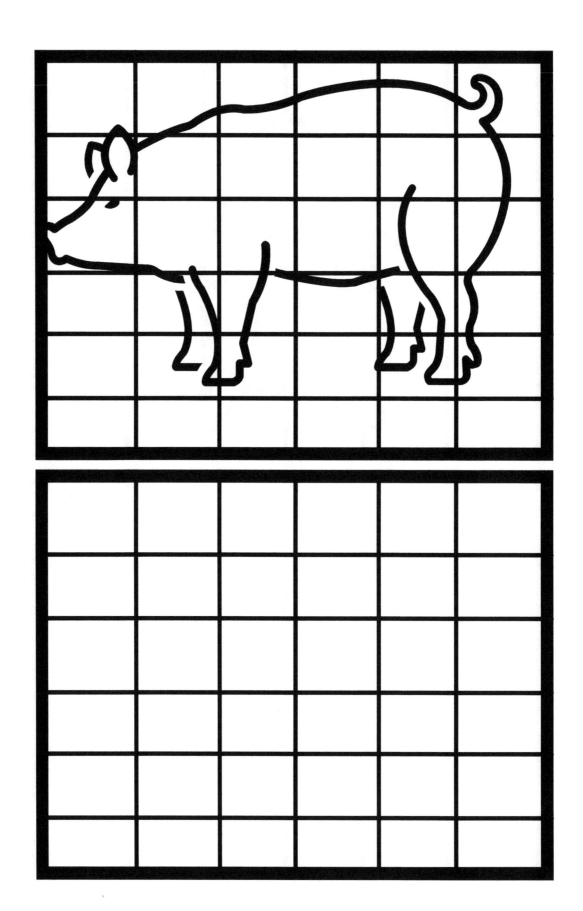

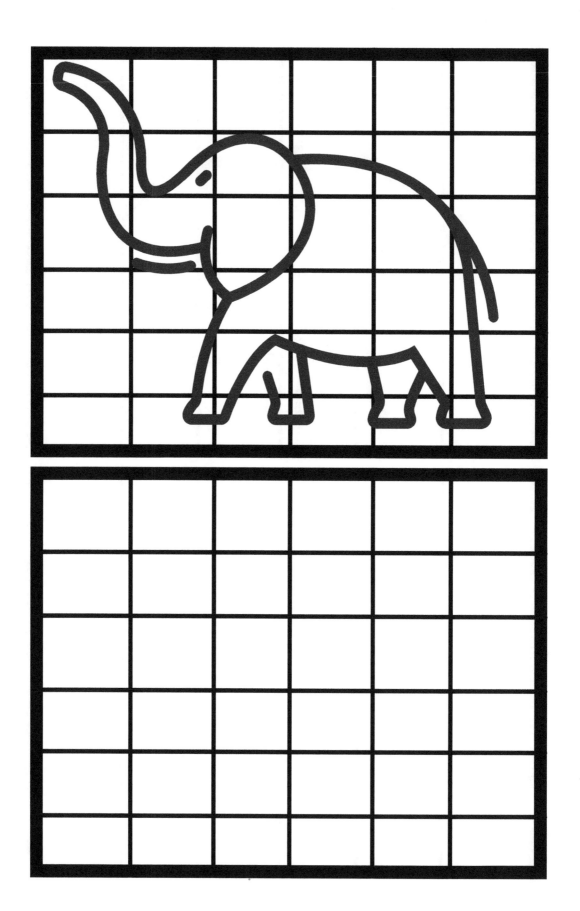

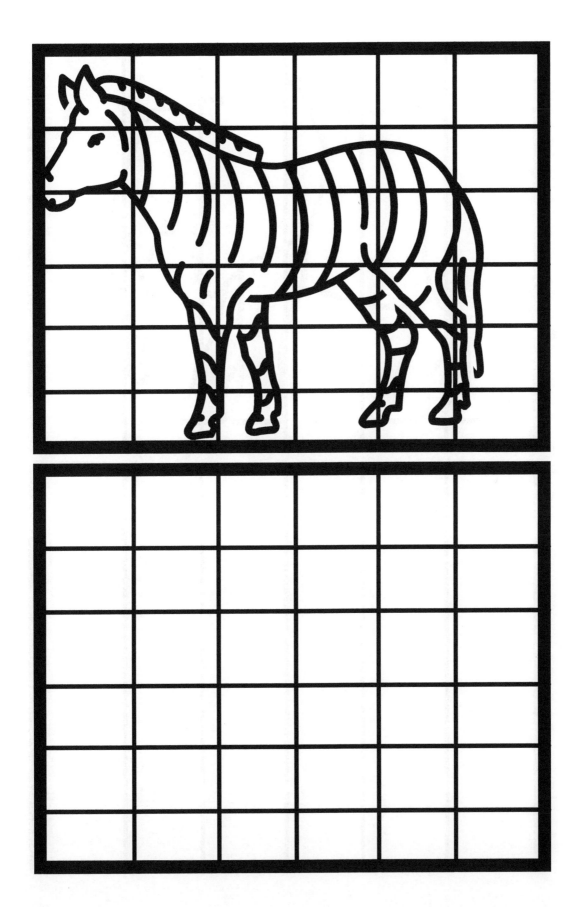

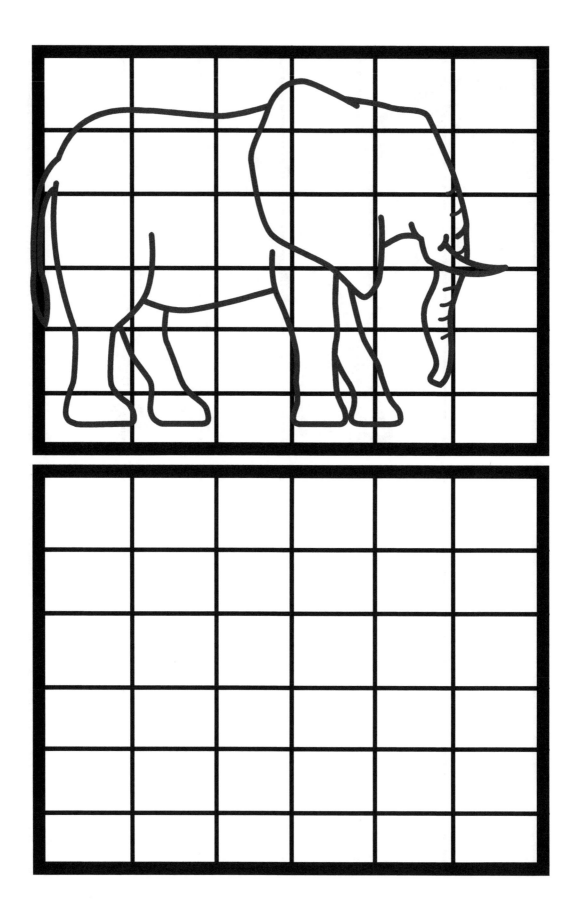

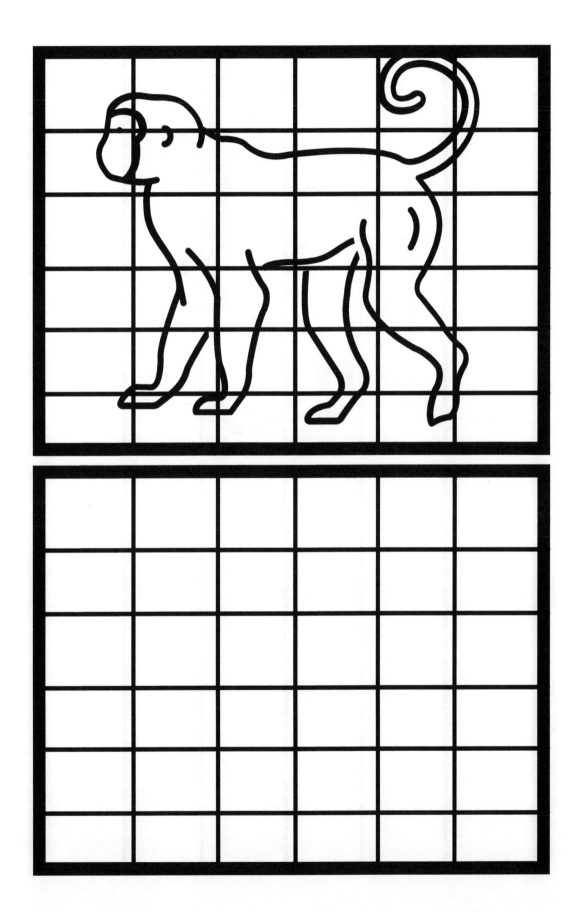

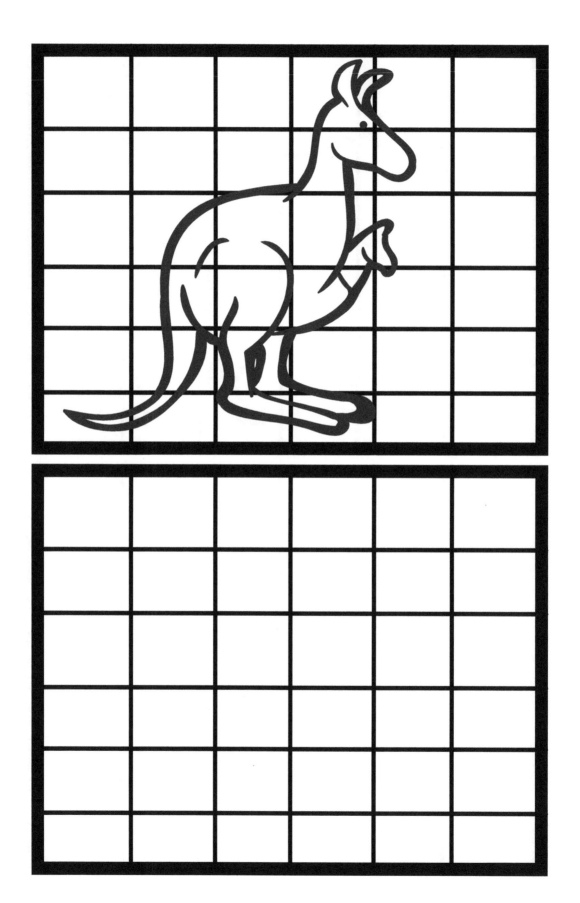

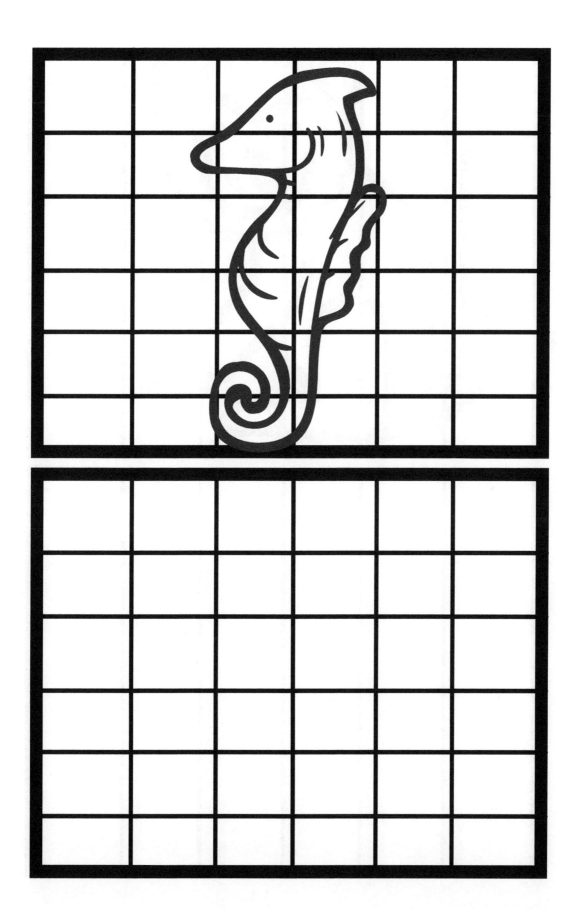

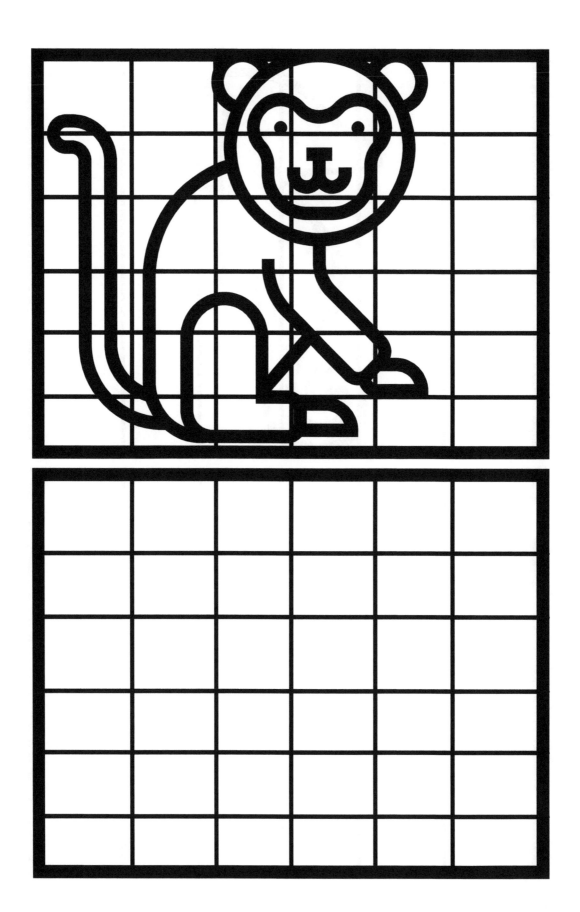

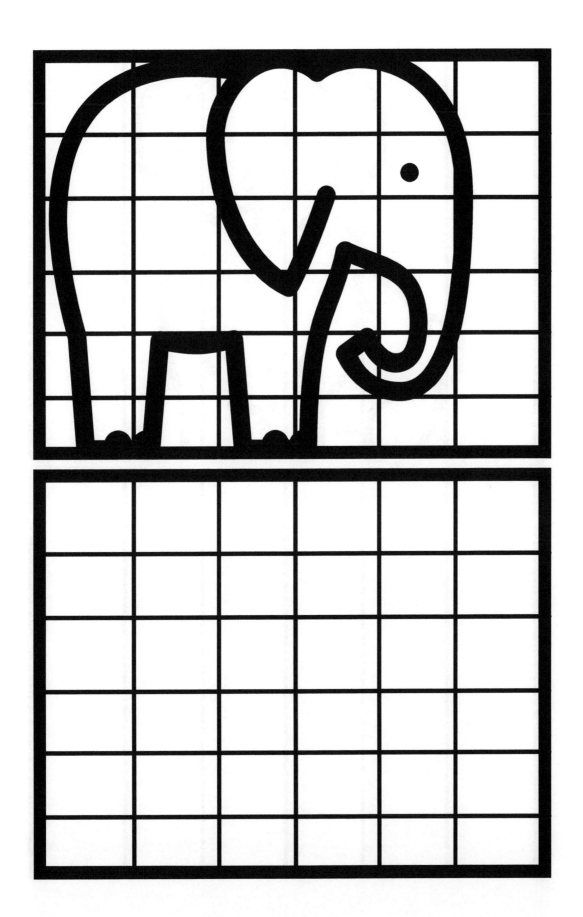

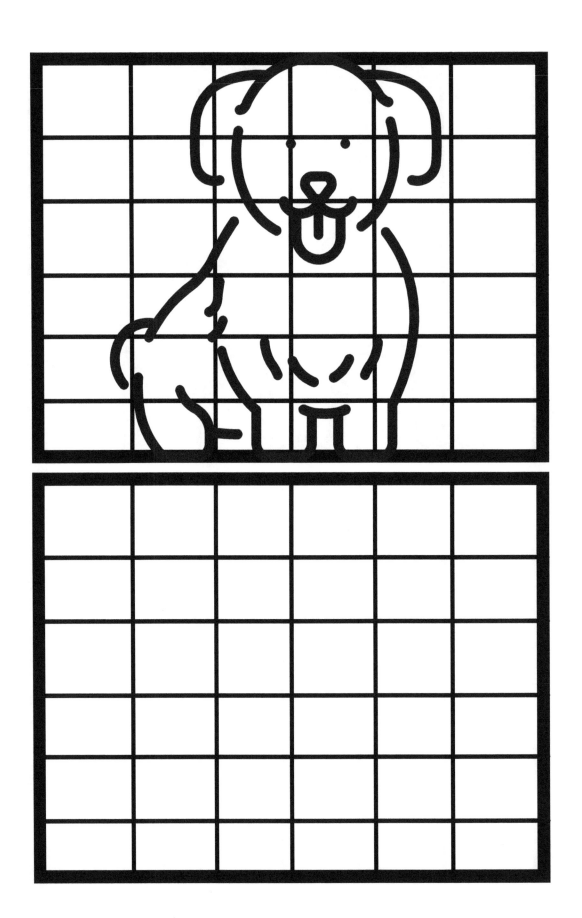

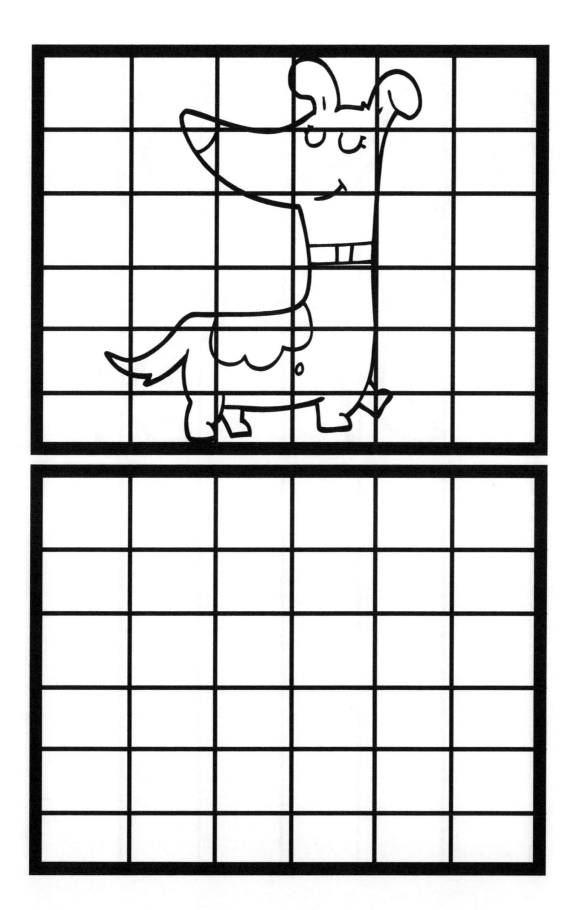

GRACIAS!

MUCHAS GRACIAS POR ELEGIRNOS !

SIENDO UNA EMPREZA FAMILIAR, NUESTRO RECONOCIMIENTO CRECE SABIENDO QUE DISFRUTAIS DE NUESTRO LIBRO

POR LO TANTO, SU OPINIÓN ES REALMENTE IMPORTANTE PARA NOSOTROS !

POR FAVOR, DÍGANOS QUÉ LE PARECE NUESTRO LIBRO EN:

officemg98@gmail.com

Lightning Source UK Ltd.
Milton Keynes UK
UKHW031844040521
383144UK00007B/553

9 780111 951866